los 7 Rocas de Vida

La clave para llenar su taza de la vida

Steven Mazzurco

Steven Mazzurco

ISBN: 978-1-5136-5324-2 (Libro de bolsillo)

Página web: stevenmazzurco.com

Instagram: @steven_mazzurco

DEDICACIÓN

Dedico este libro a cualquier persona por ahí, que pueden estar sufriendo o simplemente en busca de alguna orientación en ciertas áreas de la vida. Tal vez usted siente que está solo en la vida a veces, o simplemente necesita un pequeño empujón para empezar a utilizar todo su talento. Dedico este libro a usted. ¡Mi regalo para ti está compartiendo este libro y su regalo de nuevo a nosotros está viendo brillar más que nunca después de la lectura y la aplicación de las siete rocas la vida!

TABLA DE CONTENIDO

INTRODUCCIÓN

A veces esperamos a que el "momento perfecto" para hacer algo. Esperamos a que el clima que ser justo, ser la edad perfecta, por la ideal hora del día o del mes, etc. He querido escribir un libro desde hace años; de hecho, desde 19 años. Siempre me ha gustado la poesía y la escritura en varios momentos de mi vida; Me permitió expresar lo que estaba sintiendo en ese momento. Debe ser el suave lado italiano / francés de mí que fue heredado de mis padres. Crecer También tuve maestros fantásticos en la secundaria que me ayudó a explorar a mí mismo y que conducen a este talento que viene de mi corazón. Empecé a escribir un libro sobre tres veces en mi vida. Una vez en mi habitación de la residencia en la universidad cuando tenía 21 años, otro después de mi carrera en el béisbol a los 26, pero finalmente a los 31 años de edad que estaba listo. Lo increíble es que todo esto empezó en un teléfono y en un plano sólo escribir y las cosas en diario en mi vida que estaba aprendiendo y descubriendo. Mis pensamientos fueron de mi mente a mi teléfono, y ahora un libro para compartir con el mundo. Gracias, Steve Jobs, para hacer una sección de notas en el iPhone; que fue muy útil. Lo que es interesante es que este último año ha sido la parte más difícil de mi vida. Tocar fondo en mi vida personal y de negocios me trajo aquí para escribir este libro como envuelvo una de mis pruebas más difíciles en la vida. He decidido dar al mundo una ventana en mi corazón y las lecciones que se aprendieron, para ayudar a cualquiera que lea esto para que tengan un Break través. Las cosas están ahora, por lo cual estoy agradecido, y ahora soy capaz de compartir lo aprendido. Me he dado cuenta de lo que a veces no quiere hacer en su vida, es lo que hay que hacer más para avanzar. Sentí que mi corazón se me llamó para avanzar en esta dirección para compartir los puntos más profundos y bajos en todo este viaje y usarlo para ayudar e inspirar a otros a subir hasta su máximo potencial. Tomar una decisión.

A veces escribimos o hablamos de eventos o circunstancias nuestra vida mucho después de que han terminado, pero yo creo que es más auténtico para compartir mientras está todavía en el calor de él o envolviéndolo porque es actual. Es como comer verduras frescas de albahaca o del jardín. ¿Cómo sé yo de eso? Porque crecí con un padre italiano que tenía los pies toma- frescas y otros vegetales en su jardín cuando yo estaba creciendo.

Cuando Dios te bendiciones la vida, es su deber de compartir y ser la persona desinteresado que da la espalda. La vida va a pasar por cada uno de nosotros, no sólo para nosotros. Recé a Dios para preguntarle qué era lo mejor para mí hacer este año pasado, por lo que muchas puertas se han ido abriendo a tirar de mí en esta dirección de compartir mi vida y viaje con todos vosotros.

"El regalo de Dios para ti es la vida. Tu regalo a Dios es lo que haces con esa vida ".

Prometo ser auténtico, vulnerable y honesto, porque eso es lo que se merece. Estoy permitiendo a leer mi correo porque esa es la única manera de saber lo que hay en ella. Todos merecemos eso. Mi objetivo con este libro y los proyectos futuros que hago es una cosa para impactar vidas. Dos cosas fueron creadas durante este tiempo, uno de los cuales la marca SeVen roca es la vida (que salvó la vida) y de beneficencia impacto del proyecto. El objetivo de estos dos es sencillo; para impactar vidas en todo el mundo. Para difundir el amor, la sabiduría, la esperanza y dar a los fondos que la gente necesita para hacer una diferencia en sus comunidades. A veces sentimos que no somos lo suficiente como para hacer una diferencia en este mundo. Cuestionamos nuestra autoestima y nuestra capacidad de crear un impacto. En realidad, todos somos dignos de la creación de la grandeza.

SeVen roca es la vida es una marca con una historia que inspira. ¡Se trata de personas que viven, de su vida cotidiana, que son realmente inspiradoras! Ya sea que seas mamá, papá, niño, atleta, emprendedor o simplemente alguien que trabaja duro todos los días en este juego de la vida, ¡te admiro!

Esta marca se trata de tres cosas:

Victorioso en la vida
Colaborador de la sociedad
Diversión a lo largo del viaje

El nombre de "7 rocas de la vida" se produjo un día cuando estaba leyendo un libro que me fue dada por un amigo durante mi tiempo más solitaria de la vida. yo era deprimida allá mí imaginación y el cuestionamiento de por qué estaba aquí en la tierra. Mi relación se había derrumbado, he perdido amistades con personas de confianza y me importaba; todo mi mundo se volvió del revés. Hablar de una bomba atómica ocurre cuando pensaba que todo era grande. Sólo un par de meses antes de eso estaba hablando en frente de más de 2.000 personas. ¡A continuación, bam-sucedió! A partir de ese momento, comienza un nuevo camino y las cosas empezó a ocurrir en mi vida.

Ahora un gran amigo, que alguna vez fue alguien que buscaba entrar en negocios y mentoría durante el comienzo de esta temporada de la vida, me dio un libro de Carl Lentz llama *propia del momento*. La primera Capítulo preguntó: "¿Es usted verdaderamente disponible?" Puse el libro y dije, honestamente no he estado. No estaba realmente sumergirse en la búsqueda del conocimiento correcto en la vida. Yo creía que Dios estaba plantando una semilla, moldeándome y también la poda de algunas cosas en mi vida que había que cambiar.

Pero este libro no es sólo acerca de mi viaje. Esto se trata de compartir lo que he aprendido y sigo aprendiendo cada día. Quiero ayudar a superar este momento de su vida, si usted está luchando con la depresión, la enfermedad, el suicidio, las drogas, las relaciones, las finanzas, el divorcio, o cuestionar por qué estás aquí. Tal vez lo que necesita a alguien para que lo recoja y decir: "Usted puede hacerlo!" No pretendo ser perfecto en estas siete áreas de la vida, pero voy a decir que nunca he tenido más paz y alegría, debido a centrarse en estas siete rocas de la vida.

La vida es como una carretera, y en función del tiempo en tu parte del mundo, los baches se iniciarán formar. Imagine que usted es un coche, el camino es su vida, y los baches son las adversidades que atraviesan a medida que circula por la carretera de la vida. Su coche a veces golpea estos baches, y no pasa nada, pero con el tiempo, en algún momento tendrá un neumático soplado o eje que hace que hacerse a un lado. En realidad, esto me acaba de suceder en un bache arruinado el borde de mi neumático e inclinó la rueda de manera que el aire se escapa lentamente comenzó. El coche comenzó a echar por extraño porque había menos aire en el neumático. Es posible que vea que ocurra lo mismo en su vida donde no hay una explosión repentina y muy notable, pero una fuga lenta que Eventualmente se convierte en un neumático pinchado.

Cada día puede ser una batalla con el juego de la vida, ya sea el mundo, trabajos, personas o sólo una batalla en nuestras mentes que nos controla y nos restringe de hacer el progreso que deseamos. Me he dado cuenta de que la verdadera alegría es un foco, no un sentimiento. Oro para que el viaje distas vamos a través de juntas en este libro le da una visión, sabiduría y perspectiva en su vida en las siete áreas principales que pueden dar a equilibrar. Si se siente roto o perdido, no se preocupe, yo he estado allí. No se avergüence, en vez hará ilusión de que va a ser puesto de nuevo juntos de la manera adecuada. Siempre he escuchado la vida es una prueba de libro abierto, pero primero hay que abrirlo. Cada libro o de audio ayuda a aumentar su comprensión. La búsqueda de la sabiduría es la clave de la vida. Me ayudó a través de mis momentos más oscuros, y escribo esto diciendo que soy todavía un trabajo en progreso. Es un viaje que siempre puede ser mejor no importa qué.

Cada día es un día para mejorar, para mirar en el espejo y decir que estoy orgulloso de en quién me estoy convirtiendo. Sus Tengo el honor de compartir esto con ustedes. La mitad de las ganancias de cada libro vendido se destinará a financiar directamente a organizaciones benéficas, proyectos específicos, y también el trabajo misionero. He sido realmente bendecida y quiero dar la espalda, así que creé Proyecto Impacto Carites, que se trata de hacer una diferencia en la vida de las personas de muchas maneras. También creé una marca llamada ropa SeVen roca es la vida. Con cada compra donaremos otro elemento a una causa apoyamos. También tenemos un objetivo de construir más de 100 escuelas y parques infantiles de todo el mundo. Comunidad y el medio ambiente es clave para ayudar a nuestra juventud elevarse correctamente. dar desinteresadamente comenzó a una edad joven para mí, desde que mi viaje a la República Dominicana para jugar al béisbol a los 15 años de edad abrió los ojos al resto del mundo y para ver cómo otros están viviendo. He sido bendecido con un gran negocio y ser capaz de guiar a los demás, la cual empecé a los 20 años de edad, que me ha dado un gran estilo de vida, pero no es sólo de eso. Se trata de lo que se ve en las personas, que les ayudan a funcionar a su máximo potencial. ensayos de vida ayudan a ganar perspectiva sobre las cosas que importan. Para construir un rascacielos, debe tener la roca sólida. Cuando nos fijamos en la ciudad de Nueva

York, se ve una isla con edificios altos, porque el suelo es sólido como una roca. Si se tratara de arena u otro tipo de suelo, no sería capaz de mantener esos edificios o incluso su sistema de metro. Hay siete rocas de la vida que crean una base sólida para que pueda construir una vida que se eleva a las alturas que desee y sueño de. ensayos de vida ayudan a ganar perspectiva sobre las cosas que importan. Para construir un rascacielos, debe tener la roca sólida. Cuando nos fijamos en la ciudad de Nueva York, se ve una isla con edificios altos, porque el suelo es sólido como una roca. Si se tratara de arena u otro tipo de suelo, no sería capaz de mantener esos edificios o incluso su sistema de metro. Hay siete rocas de la vida que crean una base sólida para que pueda construir una vida que se eleva a las alturas que desee y sueño de. ensayos de vida ayudan a ganar perspectiva sobre las cosas que importan. Para construir un rascacielos, debe tener la roca sólida. Cuando nos fijamos en la ciudad de Nueva York, se ve una isla con edificios altos, porque el suelo es sólido como una roca. Si se tratara de arena u otro tipo de suelo, no sería capaz de mantener esos edificios o incluso su sistema de metro. Hay siete rocas de la vida que crean una base sólida para que pueda construir una vida que se eleva a las alturas que desee y sueño de. En este libro, usted aprenderá a ser auténtico. Usted aprenderá a quitarse la máscara que usan a menudo en la vida. Crecí con plástico que cubre nuestros sofás, y nunca pude sentir lo que el sofá era como debajo.

Es lo mismo con nosotros. A veces monitora estos avatares que se ven bien externamente, pero son aplastados o confundido internamente. Usted necesita aprender cómo ser dueño de su identidad, no alquilarla, saber estar anclado en ella de modo que no se mueve con los fuertes corrientes de la vida. A veces, la única imagen que tenemos en la vida es nuestra imagen social media, y nos olvidamos de nuestra propia imagen sin conexión verdadera. La que tiene que dormir con, caminar con y cepillarse los dientes con. La imagen en línea no es siempre, pero que despierta nuestra imagen sin conexión a todos los días. Vivimos dos vidas: en línea y fuera de línea.

"A veces estamos sonriente delante de la cámara, pero la muerte detrás de las escenas."

Mientras escribía este libro, que en realidad ha desactivado mis medios de comunicación social durante un par de meses para crear claridad en mi vida. Se crea un mundo de autodescubrimiento y la comprensión de que no puedo describir. Hablo de esto en el primer capítulo; que necesita para construir su casa en lugar de vivir en las casas de los demás toda su vida. Creo que tenemos una depresión, la ansiedad, y el problema de suicidio en el mundo de hoy debido a la autocomparación.

Escribí este libro porque sentí el llamado de Dios en mi corazón. Siempre he querido escribir un libro, pero pensaba que no tenía suficientes experiencias de la vida para compartir. Todavía estoy aprendiendo todos los días. Rezo y espero que esto afecta el libro de su vida y cualquier otro con quien puede compartir. Oí el siguiente recientemente. Hay dos días de salir de esta tierra: el día que pase, y el día que su nombre se dice para la última vez porque nunca impactado a la sociedad o su familia para recordar su nombre. No es lo que deja a las personas; que es lo que se ve en la gente que importa. A lo largo de este libro, te daré las rocas de la vida que le mantienen equilibrada. Sé que no soy el único en este mundo que va por la vida con una sonrisa, mientras que en el interior hay algo roto, no se encuentra o no en la alineación.

"Entonces, ¿qué son estas 7 rocas" Las siete rocas clave de la vida que han mantenido me a tierra y me llevó fuera de mi punto de la vida más profunda son: espiritual, relaciones, finanzas, salud, fuentes de ingresos, la organización y el crecimiento personal. Estas son las áreas que aprenderá acerca de. Digo este libro es un código de trucos honesto de las cosas que deseaba que había aprendido en la escuela crecimiento. La siguiente pareja es una de las pocas razones inició la marca Siete Roca vida. Un día, el marido se fue a una librería y vio un libro llamado nunca da para arriba. Se deslizó a través de ella y decidió comprarlo por su esposa. Ella comenzó a leerlo, y luego pensó en mí y decidió enviar el libro a mi casa sin saber lo que estaba pasando. El título dio en el blanco, y empecé a leerlo de inmediato. Una parte cambió el curso de mi vida y mi perspectiva, sobre todo.

¿Si su objetivo es llenar una taza vacía y tiene rocas, guijarros, arena y agua, que se pasa en primer lugar? Las rocas, a continuación, los guijarros en el medio, la arena se hundirá hacia abajo, y el agua se acabar con él. Si se pone primero la arena o el agua, que se desbordará y no encajar correctamente. A veces hacemos cosas o personas en nuestra vida las rocas y los ponemos primero cuando deberíamos ponerlos pasado para llenar la copa adecuada.

Me preguntaba lo que las rocas estaban en mi vida que crean una base equilibrada para que todo encaja en mi taza de la vida.

Este último año, he aprendido y descubierto mucho sobre la vida y yo. Quiero ayudar en todo lo que pueda en cualquier parte del mundo que se encuentra. Quiero ayudar a pasar el tiempo difícil que puede estar pasando por donde se puede sentir solo o confundido. Tal vez usted está buscando para mejorar sobre dónde se encuentra actualmente en su vida. Puede que no te conozco personalmente, pero me identifico con lo que está pasando. Juntos, vamos a ayudarle a salir de este funk. Si se trata de un problema de salud, el divorcio, las finanzas, la depresión, el propósito, la ansiedad, o algo más, le pido a Dios que da claridad.

Elegí siete rocas porque es un número especial que la Biblia habla. Hay siete días a la semana, lo que le permite leer un capítulo de un día para completar esto en una semana. Además, es el número del jersey de la capa de Mickey. Era un buen jugador de béisbol. ¡Van los yanquis!

Este libro tiene un reto para usted llama las siete rocas es la vida ¡Reto! Para todo aquel que lea el libro en siete días (ser honesto, observación de Dios) Voy a recoger siete ganadores al azar de un mes. Usted tendrá que publicar en su historia o las redes sociales, una imagen y su frase favorita en el libro que le impactó y también #SeVenRoCkLiFe hashtag. Los ganadores recibirán ya sea otro libro de un amigo, la ropa de la marca SeVen roca es la vida, o conseguir una donación a una organización benéfica que realmente cree.

Disfrutar *Las siete rocas de la vida.* estoy emocionado para ir en este viaje con usted. Esto se trata de descubrir tú mismo. Se trata de vivir una vida con una gran dación Fundación que le permitirá funcionar a su máximo potencial. Una gran vida está disponible para usted, y usted se lo merece. El mundo te necesita en ella. Usted es una persona importante y tienen un propósito especial. Espero ayudar a descubrir que a lo largo de este viaje de siete días de la lectura de este libro. Es un honor y un privilegio compartir este libro con usted. Ruego a Dios que bendice a través de esta lectura y la etapa de la vida que se encuentra. Mi nombre es Steven Mazzurco, y yo soy su amigo. ¡Disfrutar!

1

ESPIRITUAL

Yo estaba en Miami hablar con un amigo, y la palabra SWAG seguía apareciendo. Nos preguntamos unos a otros lo que es un buen acrónimo de esa palabra fue porque no sabíamos uno. Él me dio diez minutos para crear uno, o tuve que pagar por la cena. Pensé en ello y se acercó con esto en el noveno minuto: Comience con Apreciar Dios.

Crecí yendo a estudio de la Biblia, por lo general llorando por tener ir allá. No estoy seguro de por qué, pero creo que fue durante la hora de la cena y siempre tenía hambre. Ir a una iglesia católica, nunca entendí realmente lo que se está hablando acerca. Sólo sabía acerca de María, el Padre, el Hijo, y el Espíritu Santo. Bebí el jugo de uva y se comió la galleta, sin saber por qué. Pero a medida que fui expuesto a grandes personas y ha ganado la sabiduría y los principios de la vida derecha, me di cuenta de la vida se convierte en una prueba de libro abierto si usted busca la sabiduría. He oído que "Biblia" significa Instrucciones básicas antes de dejar la tierra. En nuestro mundo, realmente no quieren que la información o el contenido, sólo queremos la verdad acerca de la vida. En esta roca, encontré la verdad que me ayudó mucho. Este capítulo es el más largo porque aprendí la mayor parte de mi sabiduría en este viaje, especialmente el año pasado a través de los altibajos que me dio la vida. Esta roca me salvó la vida y me sacó de la depresión. Trajo claridad y paz en mi vida.

Batman vs Joker

Me he dado cuenta de que todos tenemos un poco de Batman y Joker en nosotros. La pregunta es cuál es el arrastre con- más. A veces dejamos que nuestra carne a tomar decisiones, que es el pecado. Tenemos nuestro lado bueno y nuestro lado malo. Si te fijas, el comodín nunca mató a Batman en la película, a pesar de que él tenía sus posibilidades. Lo que él hizo fue jugar juegos de la mente y le hizo dudar de sus intenciones y quién era en realidad. Cada día, trabajamos en ser la mejor versión que Dios quiere que seamos.

No será perfecto, pero es sobre el crecimiento y la búsqueda de convertirse en una mejor versión que está muy dentro de ti. A veces, nuestras mejores versiones permanecen en estado latente, pero el reto es que nunca el agua o colocarlo en un entorno en el que puede prosperar. Es necesario ciertas cosas, personas o sectores de la vida para ayudar a que lo retire. Es como tener un coche con un motor de 500 caballos de fuerza que va 180 mph, pero que viven en Nueva York, y el límite de velocidad es de 25 kilómetros por hora en carreteras con baches. Usted tiene todo este poder, pero no el lugar adecuado para conducirlo y utilizarlo a su máximo potencial. Creciendo en su caminar espiritual le permitirá descubrir uno mismo y donde se puede conducir a permitir el uso de todos sus talentos dados por Dios. A lo largo de nuestra vida, Dios nos envía mensajes. Cuando mire en su iPhone, verá dónde su mensaje de alguien que le envía un mensaje de texto es gris y sus mensajes son azules. Ve a mirar ahora. A veces, Dios pregunta por qué nuestra conversación con él es solo gris. Es una conversación unidireccional, y no ves nada azul. Esto se debe a que a veces nos olvidamos de enviar mensajes y no nos damos cuenta de que nos está hablando, pero no estamos escuchando ni respondiendo. ¡Nos distrae todo lo que nos rodea y todos nos dan consejos en lugar del hombre que los creó! Recibimos respuestas todos los días, pero a veces estamos demasiado distraídos por la vida para ver surgir esas oportunidades.

Vida Iluminada

Queremos vivir una vida iluminada, y hay cuatro elementos para ser capaz de hacer eso:

- Perdónate a ti mismo

- Rendición
- Utilizar las circunstancias
- Servir a otros

Indulgente tú mismo es clave en sus errores. El fracaso es el descubrimiento exitoso de aprender algo que no funcionó. No hay que olvidar las cosas, pero hay que perdonar a los demás ya ti mismo, lo cual es necesario para la verdadera libertad. Cuando se mantiene en las cosas, que te quema por dentro. Se aprende cuando las cosas no salen bien a abrazarla y perdonarse a sí mismo por no ser perfecto. Perdonar a los demás por los errores potenciales que han hecho es una parte muy importante del perdón también. El perdón no cambia el pasado, pero se ampliará enormemente su futuro. No es sólo acerca de la persona que eres indulgente; se trata de la nueva usted y lo que ahora están volviendo a través de este proceso.

Rindiéndose es sin duda algo que he luchado con y seguir a veces. Pero estoy trabajando en mejorar. Mucha gente va a decir que esto demuestra debilidad, pero en realidad muestra la resistencia a los ojos de Dios que están dispuestos a ser guiados por los que tienen mapas seguros en la vida a la que desea ir o ser. También quiere que sepa que tiene su corazón y su mente hacia él. Con este tipo de actitud, bendiciones se producen. De tener una personalidad llamada colérico y con ganas de control, he aprendido poco a poco la forma en que ceder el control en determinados momentos, ya que, al final, siempre hay cosas que puede y no puede controlar. Es como erosión de las playas. ¡Se puede poner más arena en la playa, pero! Entonces zas tormenta -a viene y lavados todo por la borda. Es algo más potente que se hace cargo de lo que los humanos trataron de hacer. El tráfico es otro gran ejemplo. No se puede cambiar, por lo que sólo sonreír.

Hay un parque acuático llamado por nosotros Splish Splash, y cuando bajar los paseos, usted tiene que confiar y la entrega a donde el viaje le lleva. Tratas de agarrar las paredes, pero el impulso que está tomando con la corredera. Por desgracia, al final, incluso se puede conseguir un calzón chino, pero sólo hay que aceptarlo y esperar hasta que el paseo se hace. ¡Decir ah! Cuanto más se intenta controlar, menos control se da cuenta de que tiene. A veces en la vida, Dios es de esa manera. Tratamos de tener el control, pero al final del día, que no somos.

Piense de nuevo a cuando usted era un niño en el mercado super. Cuando estás en un supermercado, y eres un niño de conducción en el carro de compras en uno de esos carros que tiene un asiento en la parte delantera con una rueda. Como un niño, usted piensa que usted está conduciendo el carro, pero es realmente su madre que está empujando. Usted cree que está en control, pero de nuevo no lo eres.

Sabe lo que Dios está en control de y lo que está en control de. Muchas veces, tratamos de controlar a los demás, pero eso nunca funciona. He estado allí en mi vida, pero finalmente di cuenta de que no puedo cambiar las acciones de otras personas. Es necesario rendirse a la situación y dejar que el universo haga su trabajo con lo que está pasando. Hacer su parte, pero entiende que no siempre se puede desarmar la situación. La confianza y la fe en que la temporada que estás pasando pasará a su debido tiempo. Aprender a entregarse a los toboganes de agua de la vida.

La utilización de las circunstancias es ser capaz de sacar el máximo provecho de la situación. Es como si se olvida de un vuelo o cancelado. Usted puede elegir para obtener molesto o decida que este es el momento de llamar a un amigo, escuchar un audio, leer o hablar con un desconocido y llegar a conocerlos. Se trata de ser capaz de tener esa forma de pensar del vaso medio lleno, no está vacío. A pesar de que estoy escribiendo esto, estoy utilizando mí La circunstancia en las yo tampoco puedo estar deprimido y hacia abajo, o puedo compartir el conocimiento para ayudar a otros que experimentan actualmente para superar el dolor y ganar esta batalla interior. Es una locura pensar que a través de este viaje he aprendido mucho sobre la vida, incluso en los momentos más oscuros. Hace siete meses, estaba por los suelos, y ahora siento muy afortunada y agradecida de la vida. He aprendido a través de esta etapa de la vida para inspirar y enseñar a otros a través de las adversidades que he experimentado.

Servicio otros le permiten tomar sus ojos de auto tu- y dejar de ser auto consumida con sus propios problemas. Se le da perspectiva y apreciación cuando lo hace obras de caridad o simplemente salir de su manera de ayudar a alguien que no le benefician. Se trata de ser desinteresado en aquellos momentos en que desea ser egoísta. Escribir este libro fue un gran temor a lo desconocido. Al mismo tiempo, me sentiría culpable si yo no compartía esta información y la verdad sigo aprendiendo cada día. Incluso si los impactos y salva una sola vida, eso es todo lo que me importa. Es como la historia de la niña de lanzar una estrella de mar de nuevo en el agua que había estado en la orilla. Un anciano dijo que había cientos de ellos, ¿por qué preocuparse. Ella dijo que le importaba a que uno, y eso es todo lo que importaba.

Tomar este punto de vista todos los días se van por ahí en este mundo. Convertirse en ese líder de servicio y dar libremente. A todos nos han dicho que tener cuidado de que no nos aprovechado. La verdad es que usted no conseguirá aprovechado si se le da libremente. Pero si usted está dando sólo para llevar la cuenta de lo que le deben, que le costará mucho cuando usted no recibe nada a cambio.

Recuerdo dando el sueldo de un mes a un amigo para arreglar su coche, confiando en que lo conseguiría volver, pero no lo esperaba. Me dio libremente, y lo que es una locura es que fue justo en el momento de mi prueba de la vida comenzó. Dios ya se estaba preparando y me pruebas, y ni siquiera lo sabía. Nunca me dieron el dinero, pero eso no importaba. Le di sin ninguna expectativa y sólo quería que la persona a vivir una gran vida. Debido a eso, ellos fueron capaces de pasar las vacaciones con sus hijos. Dios los bendecirá con abundancia en su vida, pero asegúrese de que usted no mantiene toda ella.

"Verdad era mente aprender a dar a ti mismo, a veces a otras personas que lo necesitan. No tiene por qué ser sólo de dinero; ¡que puede ser su tiempo o su corazón, que son los regalos más caros que puede dar!"

Dale su beso del adiós

Sea cual sea su fe es, budismo, cristianos, musulmanes, judíos, etc., son esos principios que se enseñan que tenemos que seguir. A veces vamos por la vida tratando de poner juntos sin necesidad de leer algún tipo de manual, y luego nos preguntamos por qué hay partes faltantes o piezas adicionales. Vemos familias rotas o relaciones debido a problemas de perdón, temas de crianza, o maldiciones generacionales que llevan a cabo con nosotros. Crecí en una familia italiana, y no ver cierta familia crecer y ver las relaciones rotas hecho pregunta la razón de que eso ocurra.

A veces, siento que se debió a razones tontas, como que alguien toma el cannoli de alguien en una boda y nunca pregunta, por lo que no hablaron durante años. Todo se reduce a cosas que son pequeñas y tristes o algo así como problemas de dinero (que es un pedazo de papel), y eso duele. A veces es triste que algo tan insignificante como el dinero pueda reducir las relaciones a la mitad. Lo he visto en mi propia vida, y estoy seguro de que tú también. El poder del perdón es un problema del corazón. He aprendido eso de mis mentores a través de los desafíos que han soportado y el verdadero perdón que decidieron tener. Cuando otros no perdonaban, lo hacían. No te perdonas por ti mismo; perdonas por tu vida y tu futura familia.

Me encanta esta historia de Joel Osteen.

Dale su beso del adiós
Mensaje por Joel Osteen el 15 de febrero 2019

En la Escritura, una señora llamada Naomi y su familia había abandonado Belén debido al hambre y se trasladó a Moab. La vida era buena, pero luego su marido murió de forma inesperada. Ella nunca pensó que sería una viuda. Diez años más tarde, sus dos hijos casados murieron. Ella estaba rota, así de corazón que ella decidió regresar a Belén Ella les dijo a sus nueras, Ruth y Orpah, que volvieran a sus hogares y comenzaran una nueva vida. Ruth se negó a dejar a Noemí, pero Orpah siguió su consejo y se fue a su casa.

Después de todo Naomi había pasado,

ella podría haber pensado: "Orfa, ¿cómo se puede salir de mí en mi peor momento? ¿Cómo voy a hacer que a mi edad?" Ella podría haber sentido traicionado y enfadado, pero que la habría guardado de las cosas nuevas que Dios tenía reservado. En cambio, el Escritura dice que "Orfa besó adiós" (Rut 1:9). Orfa representado las heridas, las decepciones, los sueños rotos, y las cosas Naomi no comprendía. Ella estaba diciendo con sus acciones, "La vida no ha sido justa, pero sé que lo que se entiende por mi daño, Dios puede cambiar a mi favor", que es exactamente lo que sucedió. Ella y Ruth se movió de nuevo a Belén, donde Ruth casó con un hombre rico llamado Boaz. Tenían un bebé a quien se hizo cargo de Naomi como si fuera su propio hijo. Después de todo el dolor y la pérdida, dijo Naomi, "Nunca pensé que estaría tan feliz y realizado." Sus últimos días fueron mejores que sus antiguos días. Esto nunca habría pasado si no se hubiera besado Orfa adiós.

Cuando la vida no sale como usted pensaba, recuerda que Dios todavía está en control. Si usted va a llegar a su destino, usted tiene que aprender a besar cosas negativas adiós. La gente puede alejarse. La vida no puede apagar la forma en que había planeado. Es tentador para obtener amargo, guardar rencor, y perder su pasión. Tienes que decirle adiós a la amargura, besar a la persona que te dejó adiós, y besar el soñar que no funcionó adiós.

A veces Dios cierra la puerta. Él va a mover a la gente fuera de su vida. Hay personas y oportunidades que fueron asignados a su pasado que no son asignados a su futuro. Tenían razón por una temporada, pero esa temporada pueden llegar a su fin. La clave está en la forma de manejar la puerta cerrada, la forma de manejar la decepción, la forma de manejar la persona que hizo que mal. No se puede abrazar las nuevas cosas que Dios tiene todo el tiempo que estés aferrarse a lo viejo. Aceptarlo como el plan de Dios, pues dile adiós, y seguir adelante. Dios sabe cómo llevar a cabo mejor que lo que eran antes.

El amor es ligero, el odio es pesado

Recientemente, he aprendido sobre el amor ágape, que es la forma más pura del amor. No voy a entrar en ello en detalle, pero es verdaderamente un lugar de difícil acceso. Voy a ser honesto, yo batallo cada vez más a ese lugar, incluso ahora, pero desde donde yo estaba ahora es totalmente diferente a ciertas situaciones o cosas que las personas hacen o dicen. He aprendido que:

"El amor es el lenguaje más poderoso el mundo."

A veces, la vida se basa tales un corazón insensible que se convierta roto y herido. Cada día es una batalla para vivir esa vida de integridad, carácter, amor, y perdón. Su caminar espiritual es un paseo que necesita para seguir adelante. Yo sabía que Dios estaba allí para mí cuando el mundo parecía que no le importaba. Sé que algunos de ustedes que leen esto se siente de la misma manera. Cuando quería renunciar a mi vida y dejarlo todo, mi relación con Dios y mi caminar con Él me ayudó a crecer. Usted acaba roto por primera vez en los tiempos que se construirán de manera adecuada a medida que reconstruye. Hay una canción de Micah Tyler llama "Diferente" que afectó a casa conmigo al principio de mi juicio y cambió mi vida. Le recomiendo que vaya ahora mismo y escuchar en YouTube y ver el video mientras escucha las letras.

No quiero oír más, enséñame a escuchar que No quiero ver nunca más, me dan una visión Que se podía mover este corazón, ser apartado
No necesito a reconocer, el hombre en el espejo
Y me no quiero el comercio de su plan, para algo familiar

No puedo perder un día, no puedo permanecer igual

Quiero ser diferente
Quiero ser cambiado
'Til todo de mí se ha ido
Y todo lo que queda
Es un fuego tan brillante
El mundo entero puede ver
Que hay algo diferente
Así que ven y ser diferente
En mi

Y No quiero pasar mi vida, atrapado en un patrón
Y No quiero ganar este mundo, pero lo que importa
   perder
Y así me voy a rendir, porque todo lo

Quiero ser diferente Quiero
ser cambiado
'Til todo de mí se ha ido
Y todo lo que queda es un
Fuego tan brillante
El mundo entero puede ver
Que hay algo diferente
Así que ven y ser diferente;

Yo sé, que estoy lejos, de ser perfecto
Pero a través de Ti, la cruz todavía dice, yo lo valgo
Así que toma está latiendo en mi corazón y
Ven y terminar lo que empezó
Cuando me ven, te vean
'Porque yo sólo quiero ser diferente, ye-ey

Quiero ser diferente

Quiero ser cambiado 'Til
todo de mí se ha ido Y
todo lo que queda
Oh es un fuego tan brillante
El mundo entero puede ver
Que hay algo diferente
Así que ven y ser diferente
Yo sólo quiero ser diferente
Por lo que podría usted ser diferente En
mí

Cuando yo esa canción, que se rompió a llorar porque eso era exactamente lo que sentía. Es una canción tan hermosa. Es una lucha a veces, sin embargo. A medida que se inclina en esta parte de su vida, hay un sentido de propósito, una paz que comienza a entrar en su vida. A menudo buscamos la aprobación de tantos en lugar de lo que nuestro poder superior quiere en nuestras vidas.

Es por eso que luchamos con alegría a veces. Me he dado cuenta de que la alegría es un enfoque, no un sentimiento. Cuando hacemos un sentimiento, que nos roba la felicidad, y experimentamos una montaña rusa emocional. Dejamos que las finanzas, asuntos laborales y problemas de relación morir de hambre a partir de nuestra alegría. Vamos a través de mudanza vida, pero no realmente disfrutar de ella. Es como conducir en un coche de Uber que tiene un olor, pero se está moviendo para llegar a su destino. El reto es que el olor es terrible, y usted no está disfrutando del paseo. Te gustaría tener ese nuevo olor fresco del coche desde el túnel de lavado que se quede con usted, pero no lo consiguió. Dejamos que el control de ambiente externo y gestionar nuestro medio interno. Nos convertimos en esclavos de lo que otros piensan de nosotros y lo que nos suceden cosas. Cuando se espera la perfección en todo y en todos, se pierde la paz y se les ha defraudado. Deja de esperar la perfección, y ganará la paz.

A veces, nos vemos atrapados en esta vieja historia que expirado en nuestra vida. Hablamos de ello y otros todo el tiempo. Tenemos que crear una nueva historia que se empieza a escribir. Dios quiere que también. Aprender de esa vieja historia, pero no hay que vivirla. Está en el pasado. Hay una razón por la que el espejo retrovisor es más pequeño que el parabrisas de su coche. Si se mira detrás demasiado, perderá de vista a dónde va y, finalmente golpear algo. Eso es lo que es la depresión. Cuando mi relación se vino abajo, junto con otras cosas en mi vida empezó a suceder, que llegó a ser extremadamente deprimido. No se pudo levantarse de la cama y no estaba de humor para hablar con nadie. Hice todo lo posible para seguir participando en la vida diaria, pero estaba Ardiente en el interior todos los días. Literalmente lloré todos los días durante cuatro meses seguidos al menos una vez al día. Había días que no quería salir de la cama y oré mucho para levantarse fue sobre la construcción mi negocio y sonriente, pero yo estaba sufriendo mucho. Dios definitivamente me ayudó a través de ese tiempo con mensajes aleatorios de personas que en realidad nunca hablado. Familia estaba allí, y he recibido bendiciones que ni siquiera puedo explicar. Los libros fueron enviados al azar a mí por la gente que me conectados a ciertas cosas. Esa es otra razón por la que sé que Él es real y no para usted.

La depresión es el sentimiento de la verdad que golpear; una decepción que usted y su alegría es propietaria. Es realmente una opción para sentirse de esa manera. Como ya he luchado con momentos como ese, me di cuenta que era porque me faltaba el 7 rocas de la vida. Yo estaba desequilibrado, y la razón por la que comparto este libro y elegir ser vulnerable y abierta es que sé que muchas personas luchan con estas mismas cosas. Pero si usted va a través de esta, la segunda adivinar cosas sobre la vida o usted mismo, o simplemente quieres la verdadera libertad y para lograr salir de esta prisión mental, ¡quiero que sepa que puede salir de esto!

"Nunca hacer que sus puntos bajos en la vida mantenerlo abajo; hacerlos parte de su razón por la que tienes una copia de seguridad ".

A veces sus errores son dioses modo de enseñando usted. En su caminar espiritual, aprenderá los principios de la vida que debe seguir. Va a ganar la sabiduría y la claridad de la comprensión de la vida y el poder del perdón.

Aquí hay algo interesante que mi hermana me envió un mensaje recientemente que mi sobrina había dicho:

Sobrina: Este es mi tarea.

Hermana: ¿Usted recibe la tarea de la escuela? Sobrina: No, esta es mi casa, y que es mi trabajo (apuntando a un libro de cartas de seguimiento en la mesa de los niños). Este lugar es mi "casa-trabajo."

¡Cuando recibí este texto, dije wow! Esta vida que vivimos es nuestra "casa" y las cosas que aprender o lo que es nuestro "trabajo". Pero para entender nuestro trabajo en esta vida, tenemos que leer el manual adecuado para obtener el "trabajo en casa" hecho. Su vida y su misión son los deberes que todos tenemos que hacer todos los días. Cuando se busca la preparación adecuada que debería estar haciendo, usted ganará la paz, y no reaccionar a todo. Usted aprenderá cómo responder a las cosas en el camino de Dios. Va a desarrollar un ambiente a su alrededor que atraerá a un gran tribu que le rodean. Los que no pueden estar solos encuentran es porque viven en hogares de otras personas y se olvidan de cuidar de su propia casa y el trabajo. Crear un cielo en la tierra en su vida para que su casa al trabajo de la vida será visto por los demás. Verá que su caminata de la vida se convertirá en su historia que los demás se sientan y ven.

"Historias que inspiran con las personas que van a contemplar."
- Siete rocas es la vida Podcast

A diferencia de ser su enemigo

Recuerdo haber oído una historia sobre un hombre que vio una serpiente de ser quemado, y decidió sacarlo del fuego. Cuando lo hizo, la serpiente le mordió mal. Se dejó caer la serpiente, y cayó de nuevo en el fuego. El hombre agarró un poste de metal y tomó la serpiente del fuego para salvar su vida.

Alguien que había estado observando se acercó al hombre y le dijo: "Esa parte de serpiente ti. ¿Por qué se le sigue tratando de salvarlo?"

El hombre respondió: "Es la naturaleza de la serpiente a morder, pero eso no va a cambiar mi naturaleza, que es ayudar".

No cambies tu naturaleza simplemente porque alguien te perjudica. No pierdas tu buen corazón, en cambio aprende a tomar precauciones. Con demasiada frecuencia, dejamos que otras acciones sean lo que cambia nuestro corazón o espíritu. Aprender a ser diferentes a las que le hizo daño, porque si usted es el mismo, usted es tan culpable como ellos.

"A Dios no le gustan los chismes; Él quiere la paz."

Había otra historia que leí sobre un hombre cuyo hijo fue disparado. El padre de un conductor de la entrega de pizza fue capaz de encontrar alguna manera la empatía y perdona el niño que juega un papel en el asesinato de su hijo. Fue condenado a 31 años de prisión. Dos años antes de esto, su esposa había fallecido también. En su fe, que cree que Dios no va a perdonar a alguien hasta que la persona que fue tratado injustamente perdona a la persona que lo hace mal. Le dijo al niño: "Estoy enfadado con el diablo para desviar a usted y engañosa que hagas un crimen tan horrible, pero te perdono."

A veces, no perdonar nos aprisiona de nuestra alegría y la paz de la vida. Este es un lugar de difícil acceso. Los esta situación papá tratado sería difícil para mí, ni a nadie, pero tenía una fe fuerte, que se liberó de la amargura y una vida de odio. Esta historia me inspiró no dejar que las cosas pequeñas de la vida seguir adelante. Es un peso extra que no se necesita. No siempre se trata de ser victorioso sobre otros; aprender a crear la paz.

"El Primero en disculparse es el más valiente, el primero en perdonar es el más fuerte y el primero en olvidar es más feliz".

Construyendo su casa primero

Algunos de ustedes disfrutan de ir a casa de amigos o familiares de un montón porque es probablemente un gran ambiente con buena comida o bebidas. Su nevera siempre es abastecida completamente hacia la derecha, y que está viviendo en un presupuesto. Usted tiene la mentalidad de "si es gratis, es para mí". Pero se olvidó de construir su propia casa. Estabas demasiado ocupado viviendo en otra persona es en lugar de construir la suya. ¿Ves esto especialmente en el mundo de los medios sociales? Usted vive en otras vidas de las personas, y luego pasan los años, y se da cuenta de que nunca se construyó una casa y tener un lugar donde vivir. Es por eso que nunca nadie le preguntó si podían venir. Nunca se construyó una casa que atrae a la gente.

Es por eso que el liderazgo es realmente todo sobre positiva influencia. Vamos a hablar más sobre eso más adelante, pero es importante en la construcción de su casa. Es por eso que a menudo se ve relaciones con dos personas vacías no duradero. Esto también es cierto si una persona está llena, pero la otra está vacía. Es un problema interno que debe resolver en su propia. Para mí, fue mi caminar en mi vida espiritual. Sentía que necesitaba a alguien en mi vida para ser cumplida. Sí, es bueno para encontrar que alma gemela o una persona con quien compartir su vida, pero debe tener un hogar lleno debido a que su cónyuge o un amigo no determinan su felicidad. Sí, algunas personas son importantes, pero es un lugar peligroso para estar en porque hay que construir dos casas independientes que se conectan con el tiempo para hacer una mansión o un pueblo o ciudad que tiene belleza juntos. He estado en relaciones en las que uno de nosotros se olvidó quién era el otro. Debe tener una individualidad que combina para hacer algo especial. Vamos a hablar de las relaciones más que en la roca de la vida.

Su caminar espiritual será algo que hará se conviertan de la una taza en una jarra que se vierta en la vida de las personas. Recuerde siempre que las pruebas y los desafíos que está atravesando actualmente son una prueba de su testimonio de que un día usted será capaz de compartir. Recuerdo el pasado la víspera de Navidad. Estar solo durante las vacaciones, me sentí como el mundo estaba en contra de mí y no había nadie que me apoyé. Tenía una sensación de ardor en mi corazón y no podía dejar de llorar de ese día.

Recuerdo que fui a la casa de mis padres e intenté reponerme emocionalmente. Por alguna razón, ese día fue muy duro, y nunca voy a olvidar lo que sucedió después. Entré en mi patio trasero donde crecí jugando béisbol y el aprendizaje del juego. Había pasado mucho tiempo allí, y mi vida fue intermitente a funcionar con todos mis recuerdos de la infancia. Mi hermana salió para apoyarme porque ella había sido a través de las emociones similares en su vida. Ella era el único en ese momento que entendía cómo me sentía. Volví a entrar y se sentó en el sofá en casa de mis padres (casa de otra persona) y se quedó afuera, llorando, y viendo mi sobrina jugando. Me quedé paralizada de alguna manera.

Acabé tener que salir y volver a casa de vuelta porque me sentí mal por mi actitud y quería que mi familia para disfrutar de la víspera de Navidad. Yo estaba conduciendo por las carreteras oscuras y pensando en mi vida. De hecho, interrogué si la vida era aún digna de vivir esa noche. ¿Debería conducir directamente o entrar en el bosque? Esa es la profundidad y hacia abajo que estaba en ese momento de mi vida. Por la gracia de Dios, me hizo seguir ese camino esa noche. Mi relación se había ido, algunos amigos no estaban allí y no tenía a nadie con quien pudiera recurrir o disfrutar las vacaciones. El año pasado, al mismo tiempo, tuve toda mi familia sobre disfrutando de la víspera de Navidad, y doce meses más tarde, estaba solo. Por la gracia de Dios, me quedé recta esa noche. Volví a casa y se dio cuenta de mi iglesia estaba teniendo una masa víspera de Navidad, así que fui por mi cuenta.

Ese día fue mi más rota día, pero también mi más liberadora día. Antes de la misa comenzó, había un caballero allí (ahora un gran amigo) que se había sentado conmigo un par de veces durante mis luchas de los últimos meses. Él no me conocía, pero sabía que estaba roto. Creo que Dios le dijo y abrió los brazos para estar allí para mí.

Recientemente, estuvimos hablando, y yo estaba compartiendo con él sobre este libro y otras cosas que suceden en mi vida. Dijo que recordaba esa noche, también. Esa Nochebuena, caminaba por mí y me dio un apretón de manos y un abrazo rápido porque estaba en un apuro. Entonces, de la nada, regresó menos de un minuto después que me diera un gran abrazo, y le dijo: "Te amo, y que Dios los ama. ¡Lo que vas a hacer grandes cosas para este mundo!"

"A veces un abrazo y un "te amo "pueden salvar la vida de alguien".

No sabía el grado de oscuridad de la noche fue

para mí y que una hora antes de que yo estaba listo para poner fin a mi vida. Dijo que cuando dijo hola rápidamente y siguió caminando que se sentía como si una pared subió frente a él y que Dios le hizo dar la vuelta para venir espalda. Tengo escalofríos cuando me dijo eso, y yo le dije que era una de las cosas que salvaron mi vida. Eso significaba todo para mí, y él es un gran hombre que hace cosas increíbles en las comunidades.

El pastor de la noche era su padre que empezó a hablar sobre el nacimiento de Jesús y de su vida. Habló de saber que Él nos dio la vida todos los días por sus sacrificios y que tendría que tener el renacimiento a veces en nuestra vida. Una vez oí que algo golpeó mi alma y el corazón con fuerza. Me decidí a tener un renacimiento en mi vida, y mi viaje comenzó a pasar de estar deprimido a ser muy optimista sobre el futuro. Salí de esa iglesia renovada y con una paz que no puedo describir.

"Usted no va a ganar sus guerras en la vida mediante la ejecución lejos de sus batallas ".

Desde aquella noche, toda mi vida comenzó a cambiar poco a poco. Cuatro meses de dolor y confusión comenzaron a avanzar en una dirección positiva. Fui a la casa de un amigo que recientemente se casó en mi casa ese verano como yo estaba pasando por todo. Esa noche en la víspera de Navidad, que me dio la bienvenida durante por alguna gran compañía después de la iglesia. Que en realidad son un par hermoso dentro y por fuera, y significó mucho para mí. Tuvimos un gran momento, y ver a los niños abrir los regalos poner una sonrisa en mi cara y me hizo comprender lo que renuevan niños pueden estar con su alegría y felicidad. Además, tener este pequeño perro lindo del pitbull en mi regazo ayudó a salir, también. Me fui a casa, miraba hacia el techo, y le dije a Dios: "Por favor, ayúdame a ser mejor persona, alguien que está en casa es realmente llena el interior. Se me olvidó realmente construir mi casa con usted dentro de ella a la cabeza." ¡Veinte minutos más tarde, me envió un mensaje a mi familia y dije que iba a ser un hombre nuevo mañana y nos gustaría celebrar la Navidad en Nueva York e ir a ver el árbol! Fue un tiempo increíble. Nunca olvidaremos ese día, mi familia dice. La moraleja de la historia es que cuando sienta que está solo, Él siempre está ahí. Hay que presentar y poner su corazón hacia fuera allí para él, y él realmente va a rediseñar su casa para que sea mejor, más fuerte, y la forma en que quería que fueras en el primer lugar.

A veces, la única manera que su quebrantamiento se fijo es algo que sólo usted y Dios puede cuidar de juntas. Tener un gran consejero puede ayudarle a entender el mundo y estar allí para que usted descubra lo que hay que cambiar. Que viene de tener una conversación honesta con ellos. Mi consejero me ayudó mucho durante este tiempo, y estoy agradecido por esa persona en mi vida. Aprender a poner a Dios en primer lugar y ver el tipo de casa y la identidad Él construye para usted. Siempre hay un propósito mayor al dolor que estás pasando. Encontrar algo más grande que tú, y renunciar nunca cruzar su mente.

"Tu imagen de sí mismo determinará la profundidad de la intimidad que tendrá con Dios ".

Sólo recuerde, no siempre se puede estar en control de lo que ocurre a su alrededor, pero usted está en control de lo que sucede en ti. A veces, tenemos este "yo interior" y "enemigo" que trata de controlarnos. No permita que el enemigo a derrotar a su yo interior. Tener las fuentes correctas en la vida guiándolo a través de ese viaje. La fe hace cosas posibles, no necesariamente fácil.

Mi hermano me hizo una pregunta una vez mientras estábamos conduciendo a Vermont para ir a esquiar. Él preguntó: "En ese día, diciembre 24 de mientras usted estaba manejando en la carretera, ¿lo que hizo que se dé por vencido en su vida en ese momento?"

Cuando le preguntó que, muchas cosas destellaron delante de mí pensando en lo que me mantuvo ir a casa luego a la iglesia esa noche. Yo le dije, "Honestamente, bro, que era tres cosas. Uno, Estaría dejando que Dios abajo si me di por vencido en esta gran vida se nos ha dado. Todos estamos aquí en un hilo tan fino que es ¡loco! Dos, mi familia y todos ustedes, yo sería realmente estás dejando abajo. Sé que ustedes contaban con que yo sea esa luz y soñador de la familia, para ser esa chispa para iluminar la vida del otro, y tres, cada día iba a recibir llamadas telefónicas y textos de personas que estaba tutoría, y que contaba con yo siendo que el rock en sus vidas." me sentía a veces que era una roca muy suave y frágil, pero que significaban demasiado acaba de abandonar. Eran una familia para mí, y lo debía a ellos para hacerlo a través de esta temporada. Empecé a romper, y nos dieron todo emocional en el coche, y mi hermano me dijo algo que me llegó al corazón. Estoy muy agradecido de tener a mi hermano. Él dijo: "Te amo y siempre estaré ahí para ti. Yo no tendría a nadie a ir a esquiar con, ¡pero ahora tenemos que ir a las pistas juntos y disfrutar de este regalo de la vida!", Lo que significaba el mundo para mí, Por supuesto, ¡el hombre por encima de Dios!

"Cuando la gente dice que son hecho a sí mismo, siempre digo que recordar que estás primera hecha a Dios."

Las semillas sembradas

Usted no va a cosechar lo que se siembra; cosecharás lo que siembra. Creo que la naturaleza y jardines producir algunas de las mejores lecciones de la vida que podemos aprender. Piensa sobre esto:

La semilla que es
El suelo es el medio ambiente
El agua es vida y esperanza
El fertilizante es la sabiduría
del sol es Dios / corazón

Hay temporadas cuando se va a producir una gran cosecha, pero también hay estaciones donde tendrán dificultades debido a las tormentas. Asegúrese de prepararse para esas estaciones con la fe adecuada o alimentos para almacenar para sobrevivir. La cosa más grande que me ha ayudado a través de mi temporada de lucha ha sido la fe y el hombre arriba. No siempre podemos confiar en nuestros vecinos porque también tienen una familia que alimentar.

A veces plantamos estas semillas en la vida, y no producen frutos tan rápido como tú quieras. Puede revisar la semilla todos los días y mover la tierra, lo cual no se da cuenta de que está arruinando su sistema de raíces y su crecimiento. A menudo he intentado apresurar las cosas, pero la realidad es que ciertas cosas solo toman tiempo. Debes ser paciente porque a veces está creciendo debajo del suelo, de modo que cuando ve la luz del día, su sistema de raíces es fuerte y brota. El bambú es un árbol de rápido crecimiento que puede crecer hasta 35 pulgadas por día. Puede crecer 80 pies de altura en 6 semanas. ¿Pero sabías que en los primeros 4 años, ni siquiera rompe el suelo? Eso es porque, para que crezca tan alto, su sistema de raíces debe ser fuerte. La cosecha puede no ocurrir en la vida cuando no estás enfocado en el suelo y el sistema de raíces..

"A veces queremos el árbol, el resultado, pero nos olvidamos de que necesitamos asegurar las raíces."

Podemos morir en la carne, pero nunca morir en espíritu. Las semillas que plantar en nuestra familia, amigos, y el mundo finalmente dan una cosecha. Tenía un gran amigo que me respetaba mucho pase el año pasado. Él y su esposa eran realmente estas personas sinceras y grandes para ser alrededor lamentablemente pasó inesperadamente, pero él me enseñó mucho en el tiempo que estaba a su alrededor. A pesar de que yo era su mentor, que aprendí de él. Me di cuenta:

"No se puede aprender todo de alguien, pero se puede aprender algo de todos".

Kermitt era una guerra de Vietnam Veteranos que era un oficial y piloto de combate que voló F-111. Él trató con muchos recuerdos de esa época que le afectaba y también se ocupó de temas de crianza. Su vida era una batalla, y estaba en constante lucha, pero siempre tratando de superar porque era un ganador. Lo vi en sus últimos años de batalla con el mantenimiento de sus puestos de trabajo de seis cifras y mantener a su familia. Él era muy bueno en ser un profesional de TI, pero los trabajos sería ir y venir en ese mundo. Era difícil a veces para la familia, pero siempre luchó y nunca se rindió.

La única cosa que me quitó la mayor parte de Kermitt era su sonrisa, la energía y actitud positiva ante la vida. Él era un hombre agradecido que estaba luchando una batalla dentro de toda su vida. La verdad es que todos estamos luchando en nuestros propios caminos. Me gustaría verlo aparecer para estudiar la Biblia, creciendo hasta ser un hombre mejor para su familia, los niños, y la sociedad. Él plantó una semilla en mí y muchos otros por tener el amor, ser un luchador, y siempre sonriente. Hombre, su sonrisa era bueno, y su risa se escuchó a millas de distancia. Su música era verdaderamente increíble. Amaba a los sonidos y podría tocar el piano al igual que Billy Joel (creo que mejor). Fue creador y era un músico de talento. Mientras escribo esto ahora, estoy sonriendo porque realmente nunca murió. Su carne puede haber desaparecido, pero su espíritu lleva a cabo a través de su increíble, fuerte esposa a quien considero un gran amigo, a sus hijos, a mí mismo, y ahora, a través de este libro, para el mundo.

Recordemos que un día no vamos a estar aquí en la carne, pero nuestro espíritu se desarrolla. ¿Qué va a sembrar para que otros aprendan o se siente para que su legado continúa a continuar porque viviste?

Gracias a todos los que han servido a este país de todas las maneras diferentes. Dios usted y su familia para su sacrificio desinteresado bendiga. Su servicio es muy apreciado.

Regalo de vida

Muchas veces, miramos hacia arriba y hacia abajo y en otras. Buscamos por todo el lugar para el regalo de la vida. Buscamos mucho, pero a veces la gente va a lo largo de toda su vida nunca encontrarlo. Hazme un favor y encontrar un espejo o reflexión. Mira muy duro en ella. ¿Que ves? ¿Un reflejo de ti? Usted es el regalo de la vida.

Cada uno de nosotros en este mundo se ha hecho de forma única con diferentes huellas dactilares, las miradas, y mucho más. El mejor regalo de este mundo se ha dado es usted, y luego todo lo demás sigue detrás que: familia, niños, trabajo, amigos de negocios, etc. Se nos olvida que nuestro don es la vida, y lo que hacemos con esa vida depende de nosotros. Nuestra historia de cómo hemos llegado hasta aquí en este momento es lo que nos hace tan únicos individualmente. No estoy seguro de lo que será su historia. Ustedes y Dios son los diseñadores de eso. Creo que a veces no sabemos los dones ocultos que tenemos, si se trata de ayudar a la gente, ser capaz de hablar pública, al ser una gran madre o el padre, intérprete, o incluso ser capaz de escribir.

Al crecer, escribí poemas todo el tiempo; Ellos solo fluyó por mí. Avance rápido 31 años después, y estoy escribiendo mi primer libro para inspirar y ayudar a la gente a vivir mejor y recaudar dinero para devolver a las comunidades desfavorecidas. Con lo que he aprendido y sigo aprendiendo a lo largo de este viaje, sé que debemos averiguar lo que se nos ha dotado. ¿Darse cuenta de que usted es el regalo de la vida, lo que le dará ya quién va a darle?

Las fuentes correctas en la vida

Aprobación es algo que perseguimos como un niño, pero a medida que envejecemos, la aprobación previa de las fuentes equivocadas en la vida nos hará cansado, nos ha decepcionado, y nos hacen sentir vacío. Buscamos la validación de los amigos, extraños, e incluso los medios de comunicación social. Si esas cosas no nos validan, nos volvemos locos y se molestan o incluso deprimido. Todos hemos estado allí pensando que el mundo no nos gusta. Me he dado cuenta de que:

"No es tu tarea ser del agrado. Su tarea es
ser agradable, y es tarea de otra persona
que le guste o no ".

¡Qué sencillo es que! Tratamos de conseguir cada uno para aprobar de nosotros, pero entonces no aprobamos a nosotros mismos. Cuando empecé a hacer eso y la aprobación de mi relación con Dios, la vida se volvió mucho más sencilla. Piensa en un momento en que un amigo se enojó contigo porque no lo llamaste, o sucedió algo que fue realmente tonto, y dejaron de hablarte. Te ignoran y son amargas. Deja de tratar de hacer que su problema. Es su problema, a fin de ir adelante con su vida. Haz lo que puedas, pero saber que no es su trabajo para conseguir que sean felices acerca de usted otra vez. Di que lo sientes, pero eso es todo. Tome una auditoría real para ver si se hizo algo que necesita ser arreglado, pero si no lo hizo, ¡ya está bueno! Solía dejar que está sentada en mí y preguntar qué estaba mal conmigo. Por supuesto, podemos cambiar, pero las relaciones, que voy más tarde, somos como las estaciones.

Nuestras amistades cambian, pero hay que hacer Seguro que tiene la fuente correcta en su vida. Además, cuando se mira para su aprobación y la información de todo el mundo en lugar de su corazón, especialmente en las relaciones, se vuelve loco. Confía en mí, se obtiene respuestas en la vida, pero sólo cuando se está buscando el conocimiento correcto de los lugares y fuentes correctas. Mi fuente ha estado estudiando la Biblia. El conocimiento y las historias en la Biblia realmente han cambiado mi perspectiva de las situaciones. Solía tener molesto por las cosas que no podía controlar.

He aprendido a ceder el control en los momentos en que sabía que no podía cambiar nada. Recuerdo contraer herpes zóster en 25 años a causa del estrés. Yo Siempre que dejar que las cosas me molestan tanto. Si se trataba de dinero, amigos, relaciones, o negocio, haría que se calienta, pero nada ha cambiado. Esto se debe a que no estaba conectado a la fuente correcta. Cuando cargue un coche eléctrico, ¿Cómo se utiliza el mismo conector como lo hace para una tostadora? Es diferente porque se necesita una fuente más grande de energía para cargar el coche correctamente. Amigos, mentores y otras personas pueden ayudarle, pero llega el punto en que ya no le pueden ayudar, y hay que ir con usted y Dios. Entendiendo esto cambió mi vida. Se llevó la verdadera paz y la comprensión. de Dios que los mensajes de texto, pero se está gastando demasiado tiempo en su correo electrónico o medios de comunicación social, y usted no tiene el control de su espiritual bandeja de entrada en la que está tratando de llamar su atención.

"Agradezco a Dios por estar allí durante mi tiempo más solitario en la vida, por ser mi Fuente para impulsarme a través de la adversidad y las pruebas. Apóyate en él y obtendrás comprensión."

Cadenas de la vida

Algunos de que pueda tener problemas de abandono. Tal vez usted fue adoptado, o sus padres se divorciaron o hizo las drogas, y ahora se siente resentimiento hacia ellos. Yo entiendo que el enojo o dolor en el interior viene a veces. Pero creo que nuestra perspectiva tiene que cambiar. Mira en las bendiciones que vienen de estar vivo en este hermoso mundo.

Recuerdo hablar con alguien cuyo padre los dejó y se volvieron a casar. Esta persona tenía la ira se acumula adentro de ellos. Les dije que podía entender su dolor, pero estaban en una prisión crearon debido a las acciones de otra persona. Digamos que su padre hizo algo malo y quedó encerrado, y decidieron encerrarse con ellos. Diez años pasan, y se obtiene de la cárcel. Cuando sus amigos y familiares se ven después de diez años, se preguntan lo que te pasó. Usted dice que encerraste con su padre a causa de lo que hizo. Usted no hizo nada, pero que eligió para dejar que sus acciones afectan a su vida. Esto causó que entres en una prisión mental y real cuando se podría haber estado disfrutando de los últimos diez años en libertad. También perjudican a todos a tu alrededor porque se tomó a sí mismo lejos de los que se preocupaba por ti.

También tienen su propia historia de por qué son Quienes son. Aprender romper esa maldición generacional o la cadena de la vida para ser mejores para las próximas personas en su familia o la vida. A veces, usted es el único ejemplo a sus hijos o extraños van a ver. Aprender a dejar que sus pies sean más fuertes que la lengua en el plano de la vida.

Pastor Steven Furtick de elevación Iglesia dijo:

CADENA significa:

Elección
Hábito

automático
de identidad
Naturaleza

Estos patrones de la vida convertido en nuestra elección si las tomamos con nosotros; que se conviertan en un hábito que hacemos todos los días que la gente ve y se siente, lo que se convierte en una cosa automático a nosotros sin tratar. Es lo que nos caracteriza, que es nuestra identidad y por eso la gente va a ser como, "Oh, María siempre es así; su ¿quién es ella," y se convierte en parte de su naturaleza. Aprender a romper esas cadenas y empezar un nuevo patrón en su vida. A veces sabemos la identidad de otra persona mejor que sabemos nuestro. Aprender a hacer que su verdadera identidad de la naturaleza de lo que eres.

"Tus circunstancias de la vida no te definen; su identidad
de lo que realmente son lo hace ".

Sistema raíz

Si las raíces de un árbol no son lo suficientemente profundas, un fuerte viento o tormenta puede golpear hacia abajo y arrancarla. Cuando sus raíces de la vida, las normas y brújula moral son fuertes, no serán arrancados por la presión de la sociedad. Cultura a veces nos obliga a ser alguien distinto a quien queremos ser. Es como la presión de grupo, pero yo lo llamo presión de la cultura. Conocer cómo se debe tratar a las personas, luchar por sus relaciones, poner a la gente más de ganancias, etc., es clave para que, arraigados verdad.

A veces, tenemos que crear esa nueva historia y derribar el viejo árbol para hacer crecer una nueva. Me duele, y es el trabajo, sino que tendrá un árbol fuerte que sobrevivirá esas tormentas. Miro a las personas que luchan contra la enfermedad como el cáncer y las recomiendo tanto porque, a través de los ensayos y las tormentas, los derriban, pero siguen siendo fieles y tienen tanta fruta y las bendiciones que se derivan de esa lucha. Nuestras raíces son atacadas por las termitas todos los días, pero hay que trabajar en su roca espiritual para asegurarse de que no se llega a las raíces y el interior de su tronco o cuerpo de la vida. Los árboles pueden verse bien desde el exterior, pero son las raíces y el tronco que sostiene.

Poder padre y madre

Pongo esto después de que el sistema de raíces porque nunca dio cuenta lo fuerte que la educación de un padre afectado su sistema radicular hasta hace poco. Estoy seguro de que muchos de ustedes pueden relacionarse con esto, pero a veces nuestros padres hacen cosas nos preguntamos acerca de, o, a veces no muestran el amor que queremos. Creo que todo se reduce a tomar el tiempo para escuchar la historia de su padre. Sabemos dónde viven nuestros padres, pero no sabemos de dónde vienen y cómo realmente se criaron. No sabemos la historia de su infancia, ya sea que crecieron con padres que les han hecho daño y cambiado su sistema de raíces, lo que afecta enormemente lo que son.

Antes de que puso en marcha este libro, he compartido en el desayuno con mis padres la parte que Acabo de hablar acerca de por encima de alrededor del niño y padre en la cárcel juntos. Mientras leía eso, mi padre se llenó de lágrimas, que me Nunca lo había visto hacer. En ese momento, me di cuenta de su relación con su padre se rompió, lo que realmente poner claridad en mi vida para entender algunas de sus acciones. A veces, le dije que no sabía cómo expresar afecto porque él siempre fue difícil a medida que crecía. Tendía a dar un apretón de manos hola y Bomba del puño en lugar de un abrazo.

Las cosas han cambiado un poco, pero descubrí que creció sin el afecto y el amor de su padre. Esto le afectó mucho a pesar de que su madre le dio mucho amor. Hubo una gran cantidad de dolor y, a veces, se sintió una patada a la carretera sin ningún apoyo. Usted tiene un padre terrenal y un padre celestial, y por desgracia, nuestros padres terrenales no son perfectos. A veces, nuestros padres a construir una fortaleza alrededor de sus corazones para proteger su dolor de crecer. Pero hay que amarlos, no importa lo porque eso es precisamente lo que va a ablandar sus corazones con el tiempo. Creo que a menudo tratamos de demostrar nuestros padres mal, pero Dios quiere que honremos a ellos en su lugar y amarlos sin importar qué.

Recuerdo el día en que recibió un texto que sacudió mi mundo. Su padre tuvo un ataque al corazón y está en el hospital en la sala de emergencias. Mi corazón se hundió en mi estómago. Terminé mi reunión y me fui lo más rápido posible a la Universidad de Stony Brook, que es un hospital fenomenal. En el camino, me detuve debido a lo rápido que iba, pero el oficial de policía me dejó ir debido a mi situación. Llegué al hospital, y que se rompió cuando vi a mi padre. Afortunadamente, que estaba bien, y que había puesto stents en su corazón, pero verlo tan débil y conectado a todos esos tubos me hizo comprender la vida de lo especial realmente es.

Lloré mucho esa noche, y también oré mucho. Pensé en cómo todo precioso para nosotros puede desaparecer en un segundo. Ese fue un momento de cambio de vida para mí, y una llamada de atención para apreciar y honrar a mis padres no importa qué. Afortunadamente, mi padre está completamente recuperado y, por la gracia de Dios, más fuerte que nunca.

"No siempre se trata de salir victorioso; se trata de ser pacífico".

Si usted siente que sus padres son un pasivo, tal vez debido a las drogas o malas decisiones que han tomado, los amo a distancia. Hacer todo lo que pueda, y orar por ellos, pero no llevar a la ira porque va a encarcelar. Vi el amor de mi madre por su padre, y también tengo muchos recuerdos de él, pero su madre iba a conseguir enojado y molesto, mientras que mi abuelo no reaccionaría, pero acaba de ser fresco. Pero la crianza de mi abuela era áspera y probablemente le afectó de una manera determinada, y nunca se puso mejor con esas cosas y las lleva a través de su vida. Lo que mi abuela enseñó mi madre, sin embargo, iba a ser capaz de vivir con cosas simples. El refrigerador puede estar vacío, y la abuela sería crear algún tipo de comida, y ella pasó eso a mi madre. Sé que muchos de ustedes hacen que donde se mire en la nevera cinco veces para ver si hay algo ahí dentro Nada cambia cada vez que miras, pero estamos orando para que aparezca algo. ¿Estoy en lo cierto? Pero lo que quedaba de lo que su madre le enseñó fue que mientras no vemos nada en la nevera, ella ve algo que hacer. Nuestra carne puede pasar, pero nuestro espíritu continúa viviendo con los que impactados y las lecciones que nos enseñaron lo largo de nuestro viaje de la vida. Nuestros padres nos trajeron a este mundo, por lo que se agradece incluso sus imperfecciones porque hay sistemas de raíces que provienen. En lugar de esperar tanto, por qué no preguntar qué se puede hacer como un hijo o hija a hacer su vida más fácil. Si se recuerda que todos en este mundo es hijo de Dios, tendrá que respetar y honrar a sus padres. Toma lo que aprende lo que es bueno y romper las cadenas de las cosas que son malas. Aprender a honrar a su familia con la vida que vive y el legado que continúa.

"Los padres son como rocas. Algunos son suaves, y algunos son ásperas, pero al final del día, si usted necesita un lugar para sentarse, que puede contar con ellos para estar allí ".

Fe

La fe es la completa confianza o la confianza en alguien o algo. Es de creer que va a pasar. Usted no sabe cómo va a suceder, pero ya se sabe que lo hará. A veces, nuestra vida no resulta la forma en que pensaba que sería. Uno va por un camino que no es familiar y debe seguir conduciendo hasta que encuentre el camino que se suponía que estar encendido. A lo largo de mi vida, ha habido ocasiones cuando dije el camino no parece familiar. Por ejemplo, recuerdo ser aplastado cuando mi carrera en el béisbol había terminado.

Yo tenía mi negocio, pero pensé que el béisbol era mi futuro hasta que llegué a una pared y colgué mis zapatos. Recuerdo entrar en ese vestuario y conseguir mi nombre llamado que yo estaba hecho para la temporada. Mi corazón se hundió, y se dirigió directamente a un campo de golf para golpear. Entonces me senté en una colina con vistas a la bahía de Grand Traversa en Michigan, sólo mirando durante dos horas. Me gustaba el béisbol, pero me gustaba ayudar a la gente e inspirarles. Un avance rápido siete años, y estoy escribiendo este libro para dar vuelta a otros lo que he aprendido durante este viaje de la vida.

La confianza es a veces una cosa difícil de hacer, pero la fe es como estar en un barco. Confía en el barco flotará y que el capitán es bueno en su trabajo. Te das cuenta que no tiene el control, por lo que relajarse y dejar que el capitán haga el trabajo. Deja que Dios sea su capitán. Usted hizo su trabajo para conseguir en el barco, pero no es su trabajo para dirigirlo. Dios te dará un árbol de la vida, pero es su trabajo para hacer una tabla de ese árbol. Es necesario tener fe en que un día alguien va a usar o comprar ese cuadro de usted, pero usted nunca sabrá a menos que primero hace que la tabla del árbol, él le dio.

"Su transparencia y fe en la vida conducirá a la transformación."

Fuerte nuestras comunidades

¿Alguna vez has visto un letrero para una ciudad que diga algo como: ¿Un gran lugar para formar una familia? Que muestra una fuerte comunidad y el medio ambiente que es seguro para criar a los niños y una familia. Puede que no han sido bendito a estar en una de esas comunidades, pero se puede asegurar que la comunidad es fuerte dentro de su hogar, con las personas que están a su alrededor, y los lugares donde pasa el tiempo.

Basada en la fe y las comunidades basadas principales son la clave para mantener el rumbo. Cuando se piensa en una comunidad fuerte, una persona negativa se puede poner en una sola y va a cambiar muy rápidamente debido a los alrededores y medio ambiente. Piense en una planta moribunda que se pone afuera en el sol con aire caliente y comienza a cobrar vida de nuevo. Incluso una pieza fría del carbón si vuelve a poner en el fuego se convertirá en caliente y vivo de nuevo.

Comunidades son también un lugar que da el amor y el perdón cuando lo necesite. Pero tenga cuidado de no depender de una sola cosa como fuente porque no siempre estará allí, y la gente se cansará de ustedes hablando de la misma historia de siempre. Es por eso por lo que necesita la aprobación de la fuente principal. Pero pasar tiempo en comunidades de apoyo es clave, por lo que los estudios o las iglesias de la Biblia son clave para mantener el rumbo con eso. Recuerde siempre que la iglesia o en el que la comunión no es sólo un lugar, sino personas que trabajan en ser mejor cada día después de principios de Dios.

"Gallinero economía favorito es el de dar, así que asegúrese de que está en alineación con sus creencias ".

En línea vs. Imagen sin conexión

En la sociedad actual, que trabajamos tan duro para

construir esta imagen en línea de marca y que se olvide de construir nuestra imagen sin conexión. La imagen fuera de línea es el verdadero usted que vive en el mundo real, no sólo en el mundo en línea. He visto a la gente publica fotos de este estilo de vida "fantasma" y que siguen viviendo en casa con sus padres. imágenes en línea son la tarjeta de visita de hoy, por lo que es importante, pero asegúrese de que coincide con lo que realmente son. Muchas personas planean más para unas vacaciones de lo que lo hacen por su vida, la fe, o el trabajo.

Dios te hizo de una manera única, pero hay que descubrir sus talentos ocultos y convertirse en lo que fuera realmente destinado a ser. Si su imagen sin conexión no es fuerte, habrá momentos en su vida que se rompa y te exponer. Esto ha sucedido en mi vida, y honestamente, ha sido una de las mejores cosas que me han pasado. ¡Recuerdo haber escuchado una entrevista con ARod (jugado béisbol con los Yankees de Nueva York y era un jugador Todas las estrellas) acerca de cómo quedó atrapado tomando esteroides y tuvo que sentarse a cabo durante un año y la forma en que lo aplastó! Ahora, luego años más tarde, se dijo que el año lo cambió y le enseñó mucho acerca de sí mismo. Aprender a despojarte de toda la sociedad identidades o el mundo le ha dado. Si depende de sólo aquellas identidades, es muy probable que pierda lo que eres y se llevan su verdadera paz.

"Estar solo es a veces la primera vez que realment te conoces".

Estas averías en la vida nos ayudan si aprendemos de ellos y el cambio. El trabajo de su imagen sin conexión en más. Deja de tratar de perseguir a imágenes de otras personas y perseguir a la que Dios quiere que usted tenga que realmente puede sentirse bien. Si una casa se ve muy bien en el exterior, la gente vendrá a mirarlo. Pero si no hay muebles, alimentos, o juegos de interior para disfrutar, la gente va a dejar impresionado. No construir sus sistemas de identidad y valor sólo en la imagen, posición, poder, o el rendimiento. Recuerde, su valor no tiene nada que ver con sus medios de comunicación social después.

El plan de dios

En concluir este capítulo, su caminar espiritual en la vida es la primera roca que necesita para poner en su taza. Es la base de maquillaje en la vida. Usted puede tratar de hacerlo rápido, pero con cualquier hogar, cuando se acomete la fundación, es muy probable que vea grietas. Si usted quiere que su casa, su imagen sin conexión, para ser real y auténtico, lo convierten en el viaje más importante de embarcarse en. Las cosas más grandes que me ayudó a superar este momento que también le ayudará a las comunidades era de grandes personas, ciertos audios o podcasts de personas a las que he relacionado, y encontrar a alguien que tenía raíces fuertes en esta parte de la vida para compartir. Lo que está aprendiendo también va a desarrollar en su tiempo a solas de orar o meditar y le ayudará a obtener una comprensión de sí mismo y de las cosas que está aprendiendo.

"Si Dios lo refinado, que diseñado y creado que, ¿por qué dejas que las personas equivocadas intentan editar usted!"

Siempre recuerda, sólo se necesita un carbón que está caliente para calentar los demás a su alrededor. Incluso cuando un montón de carbones son fríos, uno que todavía está caliente puede chispa de los demás a su alrededor. Comunidad y el medio ambiente son un sistema de apoyo enorme, pero si todo el mundo que te rodea es como esos carbones que son fríos, nada se prende fuego. Debe coger la llama caliente de Dios desde el interior en su caminar espiritual. Se iniciará dentro de usted con su espíritu y corazón.

Ese día de Navidad, decidí comenzar un renacimiento de mi vida sabiendo que no sería fácil y me gustaría seguir a fallar, pero el tiempo que verdaderamente lo tengo, no me preocupa otra cosa. Lo interesante es que en ese momento no estaba escribiendo un libro o haciendo ningún proyecto. Estaba demasiado rota y no en una posición para. Avance rápido de dos semanas después, y empecé a recibir señales de cosas para empezar a hacer y la creación por el hombre arriba.

Su prueba de la vida que un día será su testimonio de vida.

"En la vida, tener mucho cuidado con quién se hable de lo que Dios puede estar haciendo dentro de ti. Tener cuidado con quien se comunica con las impresiones acerca de lo que Dios está dirigiendo dentro de ti. Si comparte la idea correcta a las personas equivocadas, su idea va a morir antes de que tuviera la oportunidad de concebir y dar a luz a lo Dios está haciendo en su vida ".

~ Steven Furtick

Tomando el cuidado de la llama de la vida dentro de ti, que, naturalmente, comenzar a ayudar a encender las llamas de los demás a su alrededor, no por lo que dice, sino cómo empezar a vivir. Recuerde, una chispa en el bosque puede prender fuego a todo. La película dentro de usted comenzará a ser compartida por todas partes que de una manera positiva. No se trata de hablar de lo que está aprendiendo o haciendo, se trata de mostrar a través de sus acciones de amor, la paciencia, la comprensión, cada vez mayor, y mucho más.

"Aprende a dejar que tus pies sean más fuertes que u lengua".

A veces, el silencio es la mejor manera de descubrir que usted y su relación con su mayor poder. Ese silencio se escucha de los demás por las acciones que realice en el futuro y la cosecha que empieza a ocurrir a partir de lo que se va a aplicar en la vida porque tiene un gran guía turístico llamado la ayuda de Dios. Siempre se da cuenta que es suficiente y que Dios se llevó a doce personas promedio para liderar el mundo para hablar de las lecciones que se enseñan. Nunca piensa que no son suficientes; se trata en el tiempo de Dios cuando se está verdad era mente disponible. Es necesario leer el manual de vida para entender cómo se supone que para operar en este viaje. Con Dios de tu lado, no se puede perder. Él es el mejor compañero de equipo y el entrenador que puede tener. Es como tener a Tom Brady en su partido de fútbol de recogida con tus amigos. Dios es el mejor jugador de ataque de lanzar y las jugadas de su vida, pero hay que asegurarse de que está escuchando para que esté en el lugar correcto para anotar el touchdown más importante, que es esta hermosa vida se nos ha dado.

"Dios quiere nuestros corazones, no nuestras cosas. Él tiene un poema que escribió para cada uno de nosotros, así que asegúrese de leer el poema correcto ".

Examen

Valorar esta roca por sí mismo en una escala del 1-10.

____

____

¿Cuál fue su parte superior para llevar de este capítulo?

____

____

¿Qué deficiencias tiene usted en esta roca?

____

____

¿Qué es su plan de juego y la acción para corregir estas deficiencias?

____

____

2

RELACIONES

Si fueras una semilla que se convertiría en un gran árbol y fuiste plantado en concreto, ¿crecerías alguna vez? No, mal ambiente. ¿Esperarías que una palmera crezca hacia el norte en clima frío? Esta es una expectativa falsa debido al mal ambiente. Es por eso que creo que su círculo de amigos y el medio ambiente se coloca a sí mismo en lo que es vital para su éxito en este juego de la vida. Me gusta llamarlo de soporte de vida relacional. Es el apoyo que necesita para construir una vida con grandes relaciones. Eres similar a un jardín.

- El suelo es tu ambiente

- El agua es tu sabiduría

- El sol es la gente que brillan en tu vida
- Las semillas son usted y su círculo

de personas

¡Pon todo junto y BOOM! Un árbol con fruta comienza a crecer. Te conviertes en un lanzador, no solo una taza para verter en los demás. Una taza sólo se puede beber de, pero una jarra se puede verter en la vida de otros y aún queda algo para usted.

Sin embargo, se dará cuenta en la vida que algunas personas son un árbol, pero sólo tienen ramas y ramitas, sin hojas o frutas en la vida para dar a conocer. Está bien. Las personas son un activo o un pasivo en su vida. Si se piensa en la palabra "dieta", que significa restringirse a pequeñas cantidades o tipos específicos de alimentos para bajar de peso.

En la vida, es posible que necesite dieta y restringir el mismo con las personas que le rodean. Se llama la poda o "dieta vida." A veces, la gente pone cosas sobre ti con mucha grasa, te pesará, y hacer que se enferme. Aprender a cortar aquellas personas fuera de su dieta para que usted obtenga más saludable y vivir una vida mejor.

Aprender estar cerca de la gente buena y gente nueva y evitar aquellos que cuentan la misma historia de siempre. Los extraños están esperando a ser amigos con ellos. Usted quiere estar cerca de amigos que hacen que desea realizar y subir de nivel a los altos estándares, para ser una mejor persona, limpiar la casa antes de que vengan más, vestirse mejor, y ser más limpio en todos los ámbitos de su vida.

A veces, yo estaba en una carga para la sociedad y tuvo que trabajar en ser un mejor hombre, persona, y amigo. Todavía tengo que trabajar en eso hoy. Va a pasar por temporadas por el estilo, y eso se llama poda de modo que con el tiempo se vuelve a crecer más fuerte y mejor. Mi consejero espiritual / liderazgo me dijo una vez que, para ir más alto en la vida, a veces hay que ir más profundo para construir un edificio alto. ¿Qué tan cierto es eso! Duele. Es un asco. Lloras. Usted está deprimido, pero si usted está disponible y el paciente, usted será feliz con lo que se crea. Es fácil mantenerse cómodo en la vida, pero si avanzas, hay recompensas en el siguiente nivel, especialmente al conocer gente nueva.

Como un gran ejemplo, tengo una bañera de hidromasaje a unos 60 pies de distancia de la casa. El invierno es el mejor momento para usarlo, especialmente cuando hace 20 grados afuera. Como un gran ejemplo, tengo una bañera de hidromasaje a unos 60 pies de distancia de la casa. El invierno es el mejor momento para usarlo, sobre todo cuando es 20 grados fuera. Pero cuando las personas que nunca han experimentado antes de que me miran y dicen que estoy loco. Tengo que convencerlos de que confiar en mi caminar o correr los 60 pies de la bañera de hidromasaje. Da miedo y frío, pero cuando entras en esa bañera, ¡y es 102 grados-hombre! Sentir increíble con la naturaleza y el agua caliente y chorros de golpear la espalda en todos los lugares correctos. Usted se sienta allí durante unos 45 minutos, hablando y disfrutando de la experiencia, y luego se da cuenta que está podando como una uva y necesita salir. El miedo entra en acción de nuevo ante la idea de salir de la bañera caliente en el frío, pero lo que no saben es que su cuerpo es tan caliente que tiene unos 45 segundos para secar y volver dentro de la casa, y usted no se sentirá el frío. En un primer momento, esta experiencia fue de miedo, pero con el tiempo se abrió una nueva perspectiva que desea repetir. Es lo mismo con una relación. Después de todo está dicho y hecho, usted es como, wow, que era muy agradable conocer a esa persona, y me gustaría conocerlos otra vez y pasar el rato.

La elección de su entorno es clave para muchas áreas de su vida, tales como las normas, valores, e incluso sobre la renta. Si se suman los ingresos de las cinco personas que pasar el rato con los más, y lo más probable, la suya será la media de los cinco.

Vamos a llevar esto al siguiente nivel. Hay dos tipos de gente en la vida: los que sobreviven y los que están prosperando a ser mejor. No hay nada mal con cualquiera de los dos, pero uno es existente, y uno está completamente de ser mejores.

Usted notará que ciertos amigos y familiares en su vida se va sobre su día y su vida simplemente por conseguir, y eso es todo. Ellos viven la misma vida mundana, día tras día. Esto no los hace malas personas, pero a veces se convierten en el peso en su vehículo que usted está conduciendo hacia su destino. Si usted no deje que algunos de ellos, que te detenga de lo que está tratando de lograr y quemar más gas en su vehículo de la vida.

Notarás que estas personas hablan sobre entretenimiento, deportes o los viejos tiempos. Estas no son cosas malas de que hablar a veces, pero no todo el tiempo. Los próspero hablan de nuevos podcasts, libros nuevos, los sueños, las ideas, la familia y el futuro. Los sobrevivientes chismes mucho, y que sobresalen hablan acerca de seguir adelante y no vivir la misma historia de siempre. Los próspero encontrar soluciones; los sobrevivientes a encontrar excusas. La lista sigue y sigue, así que tome una auditoría para ver quién en su vida está vertiendo en usted mientras usted está vertiendo en ellos. Ver que se está moviendo hacia adelante, no sólo vivir en el espejo retrovisor.

Occidental vs. Cultura oriental

Cuando se mira en tribus "primitivas", encontrará que la comunidad es clave para su supervivencia. En las culturas orientales, hay más de un "yo ayudar, ayudar a" la mentalidad, que es cómo podemos trabajar juntos para PROS por y crecer. Es por eso que verá ciertas culturas vienen aquí a América y hacer bien rápidamente debido a que entienden la ley de la unidad. Podrían trabajar juntos para comprar un edificio con la familia extensa viviendo allí y pagar apagado rápidamente para que puedan utilizar como ingreso y comprar otro. A veces, los propietarios de los restaurantes tendrán sus hijos trabajan en el restaurante porque es parte de los ingresos familiares para sobrevivir, o tendrán que tomar sus ingresos el negocio le deja y convertirla en los salarios de los otros para trabajar allí.

Asimismo, apoyarán los negocios de más entre sí de modo que guarden el dinero en la familia. No hay manera correcta o incorrecta de vivir, pero esta mentalidad puede ayudar a construir una comunidad fuerte e incluso nación. Trabajan para completar uno al otro no competirán entre sí.

Aquí hay algunas diferencias clave entre el Este y Occidente:

Este (Asia y el Oriente Medio)

- Más conservador
- temas tabú y muy cerrado, tienden a ocultar los sentimientos
- Hindú, el budismo, el islam, el jainismo, Xenismo, taoísmo
- Los ancianos son los líderes de su familia
- Los niños cuidan a sus padres mayores
- Completar uno al otro trabajando juntos
- Matrimonios arreglados, el amor viene después del matrimonio
- Más rígido con la educación
- Receptores de información

Occidental (Norte y Sur América y Europa)

- Más abierto con sentimientos
- Judíos, Cristiano, y el Islam
- El amor viene antes del matrimonio
- Cada uno decide su propio futuro
- Compitiendo uno contra el otros
- Creavido
- Los padres mayores entrar en los hogares de ancianos
- La educación promueve el pensamiento crítico y el pensamiento libre
- La información dada es más interactivo

Si nos fijamos en las diferencias, es muy reveladora de cómo cada lado va sobre su vida. Los factores clave son cómo se expresan sus sentimientos, cómo reciben la información y la educación, y la forma en que compiten con o completan mutuamente. Esto último es enorme, y creo que si nuestro mundo y en especial nuestro gobierno entienden el poder de la unidad que sería un lugar mejor y existiría la paz.

Los extraños se hacen amigos

Estaba manejando hace un tiempo, y como yo estaba conduciendo, miré el parabrisas y luego el espejo retrovisor y se dio cuenta que había una razón por la que el espejo retrovisor era mucho más pequeño que el parabrisas. Las compañías de seguros del DMV y no quieren que se mirando tanto detrás de usted; que quieren que mira hacia delante de modo que usted es más seguro y puede ver lo que viene delante de usted.

Usted no se puede conducir utilizando el espejo retrovisor todo el tiempo. Esto también es cierto con la gente que vive en el pasado y los que crean un futuro. A menudo, hacemos las personas con las que crecimos con las personas más cercanas en nuestra vida. Es como si alguien que fue a las grandes multinacionales (en el béisbol) y luego volvió a jugar con los de los menores de edad o incluso la escuela secundaria. Su arte y talento empiezan a volver a ese nivel. Eso no quiere decir que no puede pasar tiempo con esa gente porque lo más probable que se encontraban allí para usted a través de sus momentos más difíciles. Limitarlo y asegúrese de que su influencia no se restringe a partir de sus metas o sueños.

Algunos desconocidos que aún no has conocido serán los personas que agregan más a tu vida. Abrace conversaciones con nuevas personas en la vida en lugares como aviones, cafeterías, restaurantes o el gimnasio. La razón principal por la que a veces tienen miedo de desarrollar nuevas amistades es que sentimos que no somos dignos o la lucha con confianza en sí mismo. Darse cuenta de algo que la única diferencia entre el usuario y, por ejemplo, un abogado es que él o ella estudia su oficio y tiene confianza. Aprende más. Descubrir cosas que le permiten tener conversaciones con todos los diferentes tipos de personas. Aprende el arte de hacer preguntas. Así es como se llega a conocer a alguien. Haga preguntas como ¿dónde estás, cómo te metiste en esa carrera, ¿de dónde sacaste esos zapatos, ¿se practica algún deporte, lo que han sido sus mayores lecciones de la vida hasta este punto, y así sucesivamente.

"Hacemos preguntas como niños que crecen de aprender, pero se olvida de hacer lo mismo que nosotros envejecer."

Estas preguntas simples abren la puerta a conversaciones ilimitadas y posibles excelentes relaciones, conexiones y amigos que agregan valor a su vida y abren puertas. Si nunca salga de su código postal, nunca se descubrirá cómo viven otras personas.

Creo que volver a conocer a una mujer joven que se sentaba a mi lado en el avión. Hablamos acerca de la aptitud y lo que hace, y ella terminó saliendo con alguien qué sabía a través del béisbol y de negocios. Unos meses más tarde, conecté con él durante un entrenamiento, construido nuestra relación, y luego hice un podcast en los 7 rocas de la vida con él y su pareja. Ahora tenemos la formación de una gran amistad. ¿Qué pasa si me había puesto mis auriculares, durmió, y nunca dijo hola? Las puertas se cierran todos los días para la gente porque se olvidan de llamar para ver si alguien está en casa. Aprender a romper el hielo con la gente que puede dar lugar a grandes oportunidades. Pienso en lo que me dieron en el negocio cuando tenía 20 años, y era porque alguien ha dejado un mensaje de voz en mi teléfono mi segundo año. Si no hubiera regresado a su llamada, yo no estaría donde estoy en la vida.

No sería bendecido con un gran negocio, amigos y familia. Puertas abiertas todos los días sé fuera. Incluso si usted nunca hacer negocios con ellos, se puede hacer una diferencia en su vida, y tal vez va a hacer una diferencia en su vida. No intentes construir una vida completamente solo. Buscar a los que están por delante de que debido a que son potencialmente el acceso directo. Podrían reducir la curva de aprendizaje que necesita para llegar al siguiente nivel.

"Siempre recuerde que la primera medios de comunicación social estaba teniendo conversaciones normales en persona. Ser social no tiene que ser sólo en línea; todavía puede hacerlo fuera de línea."

Tipos de relaciones

Hay cuatro tipos de relaciones:

- Familia

- Amistad

- Casual

- Romántico

Es necesario comprender y elegir qué categoría

la gente que conoces estarán en o están en.

Familia

Obviamente, la familia es la familia, pero muchas veces, los amigos se convierten en familia. La familia se opone a olvidar de mí, Te Amo. Es cuando usted es capaz de ser una persona desinteresada y verdaderamente dar, a veces olvidándose de sus propias necesidades para el mejoramiento de los que amas como de la familia. No siempre tiene que benefactores que encaja. He tenido problemas en el pasado la comprensión esto, por lo que se da cuenta de que no siempre se beneficiará de todo, y eso está bien. Aprender a tener amor incondicional hacia todos, no sólo en determinadas condiciones. Con relación existe reprogramación otras cosas que hay que hacer para ser mejor en esta área de la vida, especialmente su viaje espiritual.

Por desgracia, vivimos en un mundo muy narcisista, especialmente con los medios de comunicación social que nos anima a centrarnos en nosotros mismos. Podemos volvernos tan autoconsumitos en nuestra identidad en línea que se convierte en nuestra única identidad. Con este libro, sí, mi nombre está en él, pero desde el fondo de mi corazón, escribo esto para que usted pueda ganar con suerte algo de sabiduría o conocimiento. ¡Me considero ser todavía un trabajo en progreso todos los días!

Familia no tiene que ser alguien que está relacionado por la sangre a usted; un amigo puede ser familiar. Con un miembro de la familia "verdadera", es alguien que está ahí para usted, independientemente de su situación en la vida.

"Valor los que ven la grandeza de una persona, no importa lo que se imperfecciones puede tener."

A medida que envejeces, las amistades cambian mucho y nos preguntamos qué nos pasa. Cuando se mantiene un billete de $ 5 Cerca de sus ojos, no ve lo que realmente vale la pena porque es demasiado estrecha. Creo que la familia y las amistades son de esa manera. Tienen la grandeza dentro de ellos, pero son tan cerca de ti que no siempre se ve que la grandeza.

Aquellas personas terminan hasta la poda a sí mismos de su vida, o, finalmente, sus acciones / resultados en la vida mostrarles que lo tenías en ti todo el tiempo. Porque vemos celebridades o atletas de tan lejos, pueden aparecer perfecto. No estamos lo suficientemente cerca para ver sus imperfecciones. A veces, la familia o amigos cuando se ama sólo por lo que pueden obtener de usted o de cómo le haces sentir. Puede llegar un punto en el que hay que dejarlos ir, por desgracia. Realmente es su elección porque estás en un nuevo viaje que está a punto prosperando y avanzando. Grandes amigos a los que aceptan por lo que son, no por lo que quieren que seas, y van a empujar a crecer de una manera positiva. No siempre se trata de tener la razón en la vida. A veces, sólo tiene que perdonar o pedir perdón y seguir adelante. Recuerde, usted siempre tendrá la evidencia de lo que usted cree. Todos podemos ser "abogados" en el camino de la vida, por lo que no siempre es tratar de ganar. Busque la paz y para el caso que hay que resolver, especialmente con la familia. Vamos por la vida estando en "Corte vida" con ciertas personas, y honestamente, es una pérdida de tiempo. Al crecer, nos encantó nuestros amigos que eran un poco de nuez, por lo abrace a sus miembros de la familia de nuez. Míralo como la comedia en lugar de enojarse. los quiere por lo que son, no quién quiere que sean. Están vivos y aquí, así que agradecido por ello. los quiere por lo que son, no quién quiere que sean. Están vivos y aquí, así que agradecido por ello. los quiere por lo que son, no quién quiere que sean. Están vivos y aquí, así que agradecido por ello.

"En ciertos momentos, es necesario crear un nuevo guión en la vida, y ciertas personas no estarán en ese guión en ciertos puntos de tu vida."

---

padres

Con los padres y las relaciones, usted debe ser paciente. Pueden hacer cosas locas a veces, pero hay que amarlos todos modos. Pasar tiempo intencional con ellos, sobre todo si son en torno a la vida. Acariciar esos momentos e incluso las cosas tontas que dicen o hacen. Lo curioso acerca de las personas de edad avanzada o incluso los niños muy pequeños es que pueden salirse con casi cualquier cosa. La gente dice, "Oh, él es viejo, es por eso que lo hizo o dijo eso." Me gustaría, a veces, que tenía ese poder vieja o joven.

Hace seis años, cuando casi perdí a mi padre a un ataque al corazón, tengo una segunda oportunidad de disfrutar de la vida con él. Voy a ser honesto, a veces lo hice y dije cosas que no estaban bien, porque tenía mis propios problemas. Recientemente, me di cuenta de algo que la crianza de mi padre ha jugado un papel muy importante en quien es hoy en día. Hablé de que en el último capítulo. Es verdaderamente una persona increíble, y así es mi madre. Soy muy afortunada de tenerlos como padres.

Tú relación con sus padres es importante, y usted debe aprender cómo afecta el sistema de raíces de lo que eres. Por ejemplo, si su padre no tenía una buena relación con su padre, que puede ser o bien el mismo o diferente para su familia. Habrá rasgos sobre su padre que se hizo pasar en su relación con su padre. Si su padre nunca recibió el amor de su padre, usted debe mostrar su amor y aprecio padre. Si lo hace lo contrario, sólo se le recordará de su infancia, de manera indirecta, y surgirá un conflicto. Casi la pérdida de mi padre me hizo más paciente y agradecido por él. Apreciar que tiempo con sus padres, no importa lo que hacen. Es por eso que la "ley" favorito del universo es: El amor siempre gana. Yo estaba en Vermont en un viaje de esquí y tenía dos maravillosos anfitriones donde nos alojábamos. Empezamos a hablar de su hermosa finca con la nieve alrededor de la tierra que poseían, y cómo la naturaleza nos enseña muchas cosas. Pero yo le hice una pregunta acerca de lo que sus padres le enseñaron mientras él estaba creciendo porque hablaba tan bien de ellos y era sólo un hombre tan genuino. Él y su esposa eran personas sinceras. Me encanta enterarse de crianzas de las personas y lo que les hizo lo que son hoy en día. Pude conocer a ellos mientras yo estaba allí, pero hice algunas preguntas justo antes de salir, y sus respuestas realmente me abrió los ojos.

Descubrí que habían levantado nueve niños en el hogar que se alojaban en. Puesto que ambos habían sido cuidadosamente planteados por los padres tan grandes, que sintieron la necesidad de fomentar los niños para darles lo que podrían no haber experimentado lo contrario. La gente se pregunte por qué se encargaron de todos esos niños que no eran suyos, y que responderían, "Porque todo el mundo necesita una roca que apoyarse en ocasiones, alguien que puede contar para estar allí para ellos cuando lo necesitan." mi corazón se llenó porque todo el tiempo que estuvimos allí, estaban tan acogedor y tranquilo. Nunca los olvidaré porque llevaban sus vidas con sus corazones, no sólo sus mentes.

"No hay tal cosa como ser un padre perfecto. Se trata de ser uno real que hace todo lo posible por amar ".

Yo no tengo hijos todavía, pero estoy emocionado de ser padre algún día. Pienso en por qué amaba tanto a mis padres y creo que fue principalmente su amor y su fuerza. Era un petardo, aparentemente, y tenía mucha energía cuando era niño. Si alguna vez has visto esas correas que la gente pone en sus hijos, ¡fueron inventadas por niños como yo!

Recuerdo una vez cuando tenía la edad suficiente para empezar a salir por mí mismo y estar expuestos a diferentes personas, mis padres dijeron "Confiamos en que va a hacer lo correcto. Usted puede estar rodeado de gente que no lo hacen, pero eso no significa que tiene que hacer esas cosas. Queremos darle la libertad, pero no dejamos que nuestra familia abajo con las decisiones que tome." Tenía miedo a consumir drogas o humo (Nunca en mi vida) porque tenía miedo a defraudar.

La otra razón por la que respetaba mis padres era que mi padre es de Sicilia, así que sé que él estaba conectado a. Además, él tenía esta hebilla del cinturón del águila calva que era enorme. Lo que me hizo miedo de echar a perder. A veces, valoramos nuestra libertad más cuando lo vemos quitado, y para mí como un niño, la confianza y el respeto fue clave. La libertad que dio y también el ambiente que crearon en el país era responsable de hacer yo, que soy hoy en día. Siempre puedo contar con ellos para ser mi roca. Tal vez usted no tiene eso, pero estoy seguro de que tenía un amigo, tío, abuela, tía o usted podría ir a cuando se necesitaba ayuda. Sea agradecido por aquellos que te cuidó y se convirtió en una gran roca que apoyarse.

Casual

Hablamos de relaciones ocasionales y personas que se encuentran que pueden llegar a ser grandes conexiones o verter en su vida mientras se vierte en la suya. Es por eso que el crecimiento personal y el contenido que consumen para hacer una mejor persona es clave para las relaciones. La gente me pregunta cómo una relación causal se convierte en una amistad, y cuando miré en los momentos que me han ocurrido, me di cuenta de tres cosas:

1. Hubo vulnerabilidad y la autenticidad que construye la confianza.

2. Se sentían mejor sobre quiénes eran cada vez cuando estaban a su alrededor.

3. Tenían un montón de diversión, y fue realmente agradable.

Hay personas que he meses sólo se conoce, pero se siente como yo los conozco desde hace años. Las relaciones requieren trabajo. Hay ocasiones en las que se pueden ver a alguien una sola vez, y que pueden ser el único momento en que puede dejar una marca en esa persona con su sonrisa, cumplido, o el espíritu genuino. A veces, las personas podrían estar dañando o pasando por una mala racha, y su complemento o simplemente decir hola y conocer a ellos significan el mundo para ellos. Se puede incluso salvar su vida si se preguntan por qué están aquí. (Confía en mí, sino que ha pasado a mí.) Nos quedamos atrapados a veces con muchos de nuestros propios problemas, y nos sentamos al lado de alguien y nunca saludar. Aprender para tener conversaciones más profundas con la gente y conocer su historia. Una historia le dirá mucho sobre el viaje de una persona y donde están en la vida. Usted puede incluso aprender algo de sus experiencias.

Poder del amor

Creo que con los amigos, relaciones y matrimonios que a veces somos como una cavidad en nuestra de dientes extremadamente sensibles. Podemos ofendernos con tanta facilidad.

"El amor es el lenguaje más poderoso en el mundo."

Era el Día de San Valentín como yo estaba escribiendo este Capítulo, y fue en mi corazón para enviar unas flores a algunas personas. Esta idea vino a la mente sobre el amor y el lenguaje universal que todos conocemos. Lo sabemos, pero a veces no vivimos la misma. Nuestros corazones se cansado y herido de todos esos años de tener las cosas malas le suceden a nosotros. Pero me he dado cuenta de que el amor no se ofende tan fácilmente. A menudo, la gente dirá "Estoy bien", pero "bien" en realidad significa "sentimientos dentro nunca expresó." Quería compartir este poema que escribí el año pasado cuando yo estaba muy abajo y pasar por mis problemas de relación y vida en general. Lo escribí en ocho minutos, ya que sólo fluía de mi corazón.

Que es el amor

El amor es algo que se siente,
es algo que puede curar,
Con cada temporada vamos a través
de la vida Crecemos juntos marido y
mujer Con Dios todo es posible en
condiciones de servidumbre juntos
en su palabra
A través de toda lúchanos
encontramos con Él volará sobre
nosotros como un pájaro
Él se elevará a atraparnos en nuestros
momentos más difíciles hasta que ve su
trabajo que realmente brilla Milagros se
hablan con la fe y la creencia Pero a veces
no vemos, pero los sentimos y nos da
alivio Perdones lo que nos mantiene de
amor A veces le pedimos a Dios desde
arriba para ayudarnos en nuestros
momentos más oscuros
Sea paciente y verá de la nada su amor será
    verdaderamente brillar
El amor es una cosa difícil de hacer
Expone nuestro corazón y
sentimientos, pero que
realmente nunca supo
El dolor se puede crear internamente Pero,
al mismo tiempo, el amor puede
crear belleza que se convierte en el exterior

Se puede crear un mundo que le permite
tener la libertad de la sonrisa y el amor no
importa lo que vemos
Sólo tienes que saber si
vivimos dioses camino ¿Qué
otros hablan tendrá nada que
decir amor es paciente
El amor es amable
No tiene
envidia, no es
jactancioso,
No es
orgullo.
No comporta con
rudeza que no es
egoísta,
No se irrita,
No guarda rencor.
No se goza de la injusticia, mas se goza de
    la verdad.
Todo lo sufre, todo lo cree, todo lo espera y
    todo lo soporta.
El amor nunca falla. (1 Corintios 13: 4-8)

El amor es un
amor
promesa es
un recuerdo
Una vez dado y nunca olvida
Nunca deje desaparecer.
~ *Steven Mazzurco*, septiembre de 2018

En la Biblia en Corintios, se dice que el amor es paciente, amor es bueno, y el amor no se ofende tan fácilmente. A veces he sido demasiado sensible en mis relaciones, ya sea con un cónyuge, padres, amigos o incluso mentores. Que a veces puede ser ofendido por las cosas más tontas. La forma en que él / ella me envió un mensaje o no decir hola o no me llamó en mi cumpleaños, y luego construir esta amargura que afecta a nuestras relaciones con todo el mundo. Un libro que gustaría que había leído años atrás era acaricia por Gary Thomas. Es un gran libro sobre el matrimonio y da una idea de lo que esa palabra significa en realidad y por qué es tan poderoso.

He estado allí, y todavía trabajo en que para el día de hoy. Mucho de eso proviene de un problema de autoemisión, y para mí, fue espiritual. Buscamos tanto la aprobación de tanta gente, pero nos olvidamos de obtener la aprobación de nuestro ser y de nuestro poder superior.

"Usted no se puede esperar la perfección en todo y en todos, o perderá su alegría y paz todo el tiempo."

Lo veo en el mundo de los medios sociales en que vivimos. ¿Se preocupa por sus amigos de MySpace y cuántos gustos y los comentarios que recibió? Probablemente no, porque todo el mundo dejó de usar hace años, al igual que cualquier otra plataforma va a desaparecer con el tiempo. Nos aferramos a las cosas que la vida o la gente ha hecho para nosotros, pero ya no son un problema. Están hechas y de una vez. Esas cosas te aferras son sólo peso en la mochila que te detiene de correr tan rápido como usted quiere sus objetivos o incluso nuevas relaciones.

"Las viejas historias y las conversaciones negativas son como la leche expirada. Si lo bebes, te enferma".

A menudo nos vamos relaciones pasadas afectan a nuestras otras nuevas, si se trata de la confianza o respeto o simplemente se utiliza para ser herido. Pero si quieres la paz en su vida, no se puede esperar la perfección de todo y todos. Su paz y alegría no va a suceder si espera todo para ser perfecto. Cada día, trabajan para aceptar y estar gracia a todo el mundo. Todos tenemos nuestra propia historia de vida que nos llevan a la mesa.

Las amistades pueden ir y venir, pero los verdaderos amigos siempre van a volver. A veces entramos en hibernación en ciertas etapas de la vida y necesitamos nuestro espacio. Sea amable y paciente durante esos tiempos para los demás. En mi patio trasero, tengo ardillas que van más lejos para el invierno. Me doy cuenta de que es su tiempo para descansar, así que por qué les molestan si están durmiendo y de la hibernación. Van a volver cuando la temporada está a la derecha. sólo la imagen de algunas personas es su imagen en medios sociales, y se olvidan de construir su imagen de la vida real. He estado allí muchas veces, y puedo chupar y jugar con sus emociones. Algunas personas cuentan con la aprobación de los "me gusta" sentir autoestima.

"Eso no es su tarea en la vida de ser querido. Su tarea es ser simpático, y hasta que la otra persona como usted o no ".

Todos sabemos que a veces nuestros padres pueden parecen estar fuera de su eje de balancín con las cosas que dicen o hacen. Pero a veces hay que dar un paso atrás y amarlos no importa qué y estar agradecidos que están vivos. Sea agradecido que dieron a luz, y que tu madre te lleva durante nueve meses. Usted les debe de cambiar los pañales. Se encargaron de que cuando era un bebé, y a medida que envejecen, que se hará cargo de ellos. El ciclo de la vida siempre sucede. Un gran hombre o una mujer se encarga de uno a dos generaciones por encima de ellos y de una a dos generaciones de bajo de ellos. A veces es necesario ser egoísta por un período corto para ser desinteresado. Esto puede ayudarle a dar la espalda y ponerse en una gran posición para cuidar de sus seres queridos. Es como estar en un avión, y si la máscara de oxígeno se reduce, se debe poner el suyo en el primero, para que a continuación, puede ayudar a los demás a su alrededor. Eso puede implicar el trabajo duro y mantenerse enfocado en su negocio o carrera para una cierta cantidad de tiempo para que pueda dar de nuevo más tarde.

Estilo de vida

Relaciones o matrimonios toman el trabajo duro, pero si se hace bien, es muy gratificante. Estuve casado durante dos años, y cuando nuestra relación comenzó a disolverse, cambió mi vida. Fui en un viaje de descubrimiento de extrema autoaprendizaje, auditoría, y que es roto y deprimido, pero era un viaje que Dios le dijo que tenía que seguir si quería llegar al siguiente nivel de vida. La razón principal por la que escribí este libro se convirtió en un empresario, y mentor de personas es por una razón: para impactar a otros. Sí, el estilo de vida es grande, pero el estilo sin vida está vacío.

He aprendido que cada vez que Proverbios 31 hombre es difícil. No se trata de saberlo y de leerlo; Se trata de vivir la misma. En el libro salvaje en el corazón de John Eldredge, descubrí que todo hombre quiere tres cosas en la vida:

1. Una Aventura de vivir

2. Una battalia para luchar
3. Una bellisa para rescatar

En su libro cautivador, John Eldredge dice que lo que toda mujer desea es:

1. A ser arrastrados hacia un romance

2. Jugar un papel irremplazable en una
   gran aventura

3. A la belleza de la historia

¿Qué tan cierto es esto! En mi opinión, los matrimonios están fallando debido a que estamos tratando de hacerlo a la manera de la cultura en vez del camino de Dios. A veces no identificar y abordar las raíces de nuestra educación que llevamos en nuestra relación y luego se preguntan por qué no funciona.

Yo, por ejemplo; Yo tenía dos años de lo que pensaba que era un buen matrimonio, ¡y luego-Bam! -la bomba se deja caer. Un día estaba hablando en frente de 2.000 personas para dar inicio a un fin de semana de liderazgo, y luego dos meses más tarde, mi esposa quiere salir. Mi mundo era ¡aplastada!

Batallé depresión y cuestioné mi razón de vivir, mi propósito, y prácticamente todo. De repente tuve que cuidar de una casa grande por mí mismo. En ese momento, me di cuenta de una cosa: Estilo sin vida chupa y está completamente vacío. Sin embargo, el reto era que en realidad nunca tuvimos una casa sólida para nuestro ser interior. Tenía que ir en un viaje que realmente duele, sino descubrir mis raíces que estaban afectando mi perspectiva de la vida, tenía que cambiar. Tenía que cavar en las cosas de mi educación que nunca fueron atendidas.

Ese momento de mi vida me recordaba a un árbol que cayó el otro día en mi patio trasero. Se veía tan bien en el exterior, pero había insectos que no se podía ver comer fuera de su interior y las raíces. ¡Y luego de la nada-Bam! -se cayó duro. A veces esa caída ti y los que te rodean duele, pero hay que darse cuenta de que si se hubiera mantenido el funcionamiento de la misma manera, cuando llegó una gran tormenta, que no duraría de todos modos. Otra vez, tenía una caída de árboles cerca de la casa y aplastó nuestra cama elástica. Pasé de ser molesto para el ser agradecido porque se perdió la casa por 15 pies. Fue un entrenamiento para limpiar, y tuvimos la leña durante todo un año a causa de ella.

Tenía problemas de actitud y temperamento a veces, y Por desgracia, los saqué de la gente que amaba. Con el tiempo, muchas de esas personas dan por vencidos. Fue Batman y Joker luchando dentro de mí, y yo quería Batman para ganar. Es por eso que digo que debe construir su casa primero antes de entrar en las casas de los demás.

El matrimonio y las relaciones son sobre apreciando y de la gracia. A veces debemos cuidar nuestros deportes, amigos, o incluso el coche más de nuestro cónyuge. Pero ellos son lo más valioso. Te puede gustar esas cosas, pero no se puede amarlos. Eso es un lugar peligroso, y yo he estado allí. Atesoro vínculos y relaciones mucho más, ahora.

Yo estaba lejos en Vermont, el otro día, y yo estaba sentado en mi teléfono mientras que algunas de las personas en una mesa cercana estaban hablando. Uno de los chicos, alguien que acababa de conocer y realmente me gustó, me dijo, ¡"Steve! ¿Son aquellas personas en su teléfono aquí?" De inmediato, puse mi teléfono sobre la mesa al revés abajo, se fue a la mesa, y habló durante dos horas acerca de las historias de vida y se rió con tanta fuerza. Él estaba en lo correcto.

"A veces que aprender a apagar nuestra vida en línea y activar nuestra vida fuera de línea. Estar presente en el momento ".

Nos vamos a la cama pegado a nuestros teléfonos en lugar de pegado a nuestra pareja durmiendo junto a nosotros. Leer el libro Los cinco lenguajes de Gary Chapman. tiempo de calidad es una cosa enorme que las mujeres quieren. No soy un experto en este tema; Todavía estoy aprendiendo. Es como el clima. Es impredecible, pero hay que hacer todo lo posible e ir con el pronóstico y estar preparados. No hay manera perfecta. Aprender a estar allí para su cónyuge. Aprender a preguntar, "¿Cómo puedo servir a usted o ser mejor para usted? ¿En qué áreas puedo trabajar?" Además, ayuda a estar cerca de una comunidad de personas que tienen grandes ejemplos de matrimonios.

Además, dejar de permitir que todo el mundo hablar en su vida; que está perjudicando su relación. Aprender a tomar el consejo de aquellos que verdaderamente tiene la fruta en su árbol. Escuchar y leer juntos para que usted está en la misma página. El amor es amable y paciente, por lo que recordar siempre que. Esto no significa que usted necesita para ser aprovechado o tolerar el abuso, pero conducir con su corazón y sea fuerte de una manera elegante.

Escribo esto porque éstas eran las cosas, que no

estaba haciendo todo el tiempo. A veces, estamos tan atrapados con "vida", pero al final del día, ese real que está vacío, con sólo estilo. Recuerdo estar sentado en California hace unos meses con mi espiritual / consejero de liderazgo. Estábamos hablando de la palabra "estilo de vida." A través de nuestra discusión, se decidió que se trata de dos palabras separadas, no uno.

Usted puede tener vida sin estilo, y se puede tener estilo sin vida. Un gran ejemplo de esto fue cuando mi esposa y yo tomamos un descanso, y terminó dejando permanentemente. Yo vivía en esta gran casa, pero estaba vacío. Tenía estilo, pero sin vida. Lo que es interesante es que el tiempo en mi vida en realidad era la mejor cosa que me ha pasado a mí mismo me ayude a descubrir. El silencio y el tiempo solo puede ser la primera vez que usted llega a conocer realmente a sí mismo. Sabemos muy bien que otros, pero nos olvidamos de tomar nosotros mismos en una fecha y hacer preguntas para conocer a nosotros mismos.

Mi "estilo" en la vida en realidad estaba encubriendo quien realmente era. Era una máscara, que creo que todos usamos a veces. Pero cuando se tiene tantas máscaras, se le olvida que uno para poner en esa noche de salir. Eso es un problema. Con la palabra "estilo de vida", que es realmente la vida primero entonces tal estilo. Estilo por sí mismo está vacía. Es como ganar un yate, pero no se les permite tener a nadie en ella para disfrutar de ella con usted, que es bastante solo y vacío. Las relaciones son clave y con las personas adecuadas, tales como sus verdaderos amigos, mentores y cónyuge. Entender que las amistades a veces tienen temporadas también.

Todo el mundo está pasando por su propio tema, por lo que dejar de recibir tan ofendido. Recuerde, el amor no se ofende fácilmente. Todos hemos estado allí. "OMG, como Jessica nunca se volvió a mí! Ha sido una semana!"¡Basta! Usted no sabe lo que está pasando. Estar allí tanto como sea posible, pero no tome como algo personal. Deja de ser tan sensible. Todos hemos estado allí.

"A veces necesitamos aprender a apagar nuestra vida en línea y encender nuestra vida fuera de línea. Estar presente en el momento ".

Poder de las Palabras

El poder de las palabras o bien curar o herir a los que te rodean. En la Biblia, se habla de cómo la vida y la muerte están en poder de la lengua. Nunca me di cuenta de lo poderoso que esas palabras son. En los deportes, que acaba de tipo de las arrojó alrededor, pero en el mundo real, se le puede dar la vida o que le lleve hacia abajo. Ya sea en relación con los padres o con extraños, lo que se dice a los demás es de gran alcance.

Las palabras son como marcas de desgaste en un piso: si sólo hay unos pocos, que en realidad no los ve, pero Eventualmente, si se mantiene rascar el suelo, se dará cuenta de todas las marcas que han sido causadas por caminar o dejar caer cosas. Con la gente, verá el quebrantamiento que viene de ser golpeado en los últimos años por los cónyuges, padres, o incluso compañeros de trabajo. Las palabras pueden crear o destruir. Los sonidos que salen de nuestra boca puede ser alentar o desalentar, y el tono es igualmente importante. Piense en la diferencia entre estas dos afirmaciones: "Babe, que nunca hace nada por la casa; ¿cuál es el problema?" o" Babe, ¿hay algo que pueda hacer para ayudar en la casa? Sé que hace un montón." Ha habido muchos momentos en los que he hablado sin pensar primero. Si sus palabras pudieran producir frutos, se miran podrida o ser fruto que se ve delicioso? Aprender a controlar el poder de la lengua. Limpiamos nuestra casa y nuestros coches, pero tambíen tenemos que limpiar nuestros corazones para que las palabras correctas salen.

"Las palabras son como el viento. Algunos vientos son cálidos y algunos vientos son fríos; algunos son fuertes y otros son tranquilos.
Elige qué vientos harán que tus palabras inviten a otros ".

Amor propio

Las relaciones más importantes que debe tener, en mi opinión, son con su mayor potencia y usted mismo. Familia, amigos, y los cónyuges le fallará, ya veces se olvide de tener una relación con nosotros mismos, sano amor propio. Estaba escuchando una historia sobre el CEO Charlie Jabaley (¡que mirase, es una gran historia!) Que habla de una historia de él corriendo, y en su cuerpo escribió "amor propio", y todo el mundo empezó a gritar ella. Tenía más de 300 libras. y fuera de forma y la pérdida de 135 lbs. En el interior, que se estaba muriendo y no era saludable, infeliz, sin llenar. Se retiró en 2017 a la edad de 29 años tanto de la industria de la música y el nombre del director general Charlie. Se tomó la decisión de reinventar su vida en busca de su sueño de la infancia para convertirse en un atleta. Charlie corrió tres maratones, se convirtió en un Hombre de Acero, e incluso invirtió su tumor cerebral. Incluso asegurado una asociación con Nike como atleta. ¡Yendo desde donde estaba hasta el punto de amor propio era una enorme derrota!

Se le animó a terminar la carrera. Nos encanta otros, los cuales es impresionante, pero no debemos olvidar amarnos a nosotros mismos. Si nos ocupamos de césped de nuestros vecinos, pero luego olvidarse de la nuestra, eso es un problema. Es muy amable de su parte, y sale de nuevo a la máscara de oxígeno en el avión. Cuidar de los suyos en primer lugar, por lo que puede ayudar a los demás.

Hay dos tipos de amor: importados y exportado. El más importante es exportada amor, que le das a los demás. Si sólo se basa en el amor importados, que tiene que venir de otras cosas o personas, llegará un momento en el que se detenga y se llegará a una pared. Me pasó a mí, y no fue divertido. Me gustaría obtener la aprobación de todo y de todos. No es un punto fuerte para estar en. Cuando se enfoca en que el amor interno y respetando lo que realmente son, a su gente amor exportados lo sentirán. Entonces, que, naturalmente, se importan amor, porque de lo que diste. Lo llamo "amor no OGM importados." No es procesada, y es orgánica, por lo que es bueno tomar en.

Los que se convierten en un imán con su vida la personalidad y el ambiente atraerán a la gente a ellos. La gente va a sentir el amor propio que tiene y desea descubrir su identidad. A veces, es dejar ir lo que quiere y centrarse en lo que fue creado para hacerlo. Las cosas van a gravitar hacia usted sin tratar, al igual que un imán. No sólo las grandes personas entrar en su vida, pero grandes cosas empezarán a suceder y se adhieren a su vida.

También creo que ser capaz de estar a solas con uno mismo es importante. A veces, somos tan dependientes de estar con otras personas que cubre los defectos que tenemos que trabajar. Nos hemos convertido en una generación que necesita la aprobación. No estoy diciendo que no es bueno obtener la aprobación a veces, pero que la aprobación tiene que venir de ti. Es como este libro y el sitio web Yo creé. Recé una noche, y con los años, ha sido en mi corazón para crear impacto del proyecto. La aprobación # 1 en mi corazón y el espíritu y mi Dios diga, "Hazlo!"

Citas

He decidido poner esta parte de aquí en el último minuto porque siempre digo a los chicos que Mentor que son solteros que, si usted quiere encontrar una gran mujer, es necesario asegurarse de que tiene tres cosas en línea:

1. Trabajar duro para salir y vivir por su cuenta.

2. No ser un uno-agujero, pero ser fuerte con la gracia y el amor. (También conocido como como "De Roca")

3. Tener visión, la energía y el deseo de crecer.

Si tiene esas tres cosas y la sonrisa, obtendrá la persona correcta en ningún momento. Esto funciona para las mujeres, también, y es muy atractivo. El último consejo para hacer esta parte sencilla es no tener mal aliento. Tener los dientes limpios, limpiar los oídos, y los chicos, limpiar su pelo del cuello. También, ser auténtico y real. Eso es todo. Buena suerte para encontrar a la persona adecuada.

"Actualmente Estoy saliendo con vida en este momento, hemos estado juntos durante 31 años ".

¿Cómo está su césped

Una relación es como un césped. Se requiere habilidad y tiempo para dejar que crezca y se verá muy bien a veces ya veces es necesario fertilizantes y agua. A veces, sólo tiene que plantar un nuevo césped, que es cada vez nuevos amigos o iniciar la relación a lo largo. Incluso el suelo tiene que ser cambiado para crear el césped que realmente quiere, lo que significa que hay cosas que hay que cambiar dentro de ti como si tuviera que. Recuerde, una vez que los amigos eran desconocidos. Nunca conseguir el césped, sin embargo. Se ve bien, pero es falso, y la gente puede contar. Eso va para la gente también. Busque personas reales y auténticas. Es difícil, pero estar cerca de aquellos que te aman incondicionalmente no sólo condicionalmente.

Espero que esto te da una idea de las relaciones. Su un viaje sin fin, como tratar de mantener un césped verde. Usted puede pensar que usted tiene una idea de que durante el comienzo del verano, pero entonces algo sucede para que su hierba marrón o desvanecerse. Está bien. Trate de regarla, fertilización, o plantar nuevas semillas. Siempre puede volver alguna manera si lo desea. Será con la nueva hierba que crece, y la belleza que viene de que será todo vale la pena.

"Un lado del mundo está esperando por el otro lado salude".

Examen

Valorar esta roca por sí mismo en una escala del 1-10.

____

____

¿Cuál fue su parte superior para llevar de este capítulo?

____

____

¿Qué deficiencias tiene usted en esta roca?

____

____

¿Cuál es su plan de juego y la acción para corregir estas deficiencias?

____

____

3

FINANZAS

Cuando se piensa en ello, el dinero no es más que el papel que decir tiene valor. La comprensión de la historia de dinero es importante para que entienda que el dinero no se hace, es algo que fluye a usted, basado en el valor que se da a otros. Tan pronto como deje de proporcionar un valor para su trabajo, jefe, clientes, o de la sociedad, que el dinero deja de fluir a usted.

Muchas empresas han salido del negocio, ya que recientemente Nunca adaptado o actualizado su software para conectarse con el mercado. Hace diez años, los teléfonos Nokia fueron los que tienen, y ahora se han ido. Toys "R" Us nunca hizo sus tiendas una "experiencia", pero eran más como un almacén de juguetes que nunca podría jugar y probar, pero tuvo que comprar primero. Es necesario experimentar cosas; No pueden explicarse a partir de una imagen o instrucciones.

Una cosa Noté en las zonas más acomodadas es que no hay rabia en el camino o bocinas de los. La razón es que son por lo general no se destacaron por el dinero debido a la rabia del camino es un subproducto de otra cosa yendo en la vida de otra persona que hace que se enojan mientras se conduce. Recuerdo entrando en mi área donde vivo ahora, donde la gente hace muy bien económicamente. Yo estaba bloqueando el tráfico durante unos 30 segundos para entrar en un restaurante, y nadie toque la bocina. ¡No hay manera lo que sucederá en el que crecí!

Podrás ver las personas que tienen una buena parte de su presupuesto actuar más tranquilo. El dinero es como el aire; cuando no lo tienes, pánico y tratar de conseguir más. Quiero enseñarle el modo de pensar de cómo mantener y hacer más en cualquier industria donde se encuentra. Se trata de la creación de la consistencia financiera así que el dinero no le pertenece.

Historia de la moneda

El trueque era la manera en que intercambiamos servicios o productos. Las primeras formas de trueque eran ganado, ovejas, verduras y granos a partir de aproximadamente 9000 BC. En el 1100 BC en China, la gente comenzó a usar pequeñas réplicas de un bien moldeadas a partir de bronce. Rey Alyattes de lo que es ahora parte de Turquía creó la primera moneda conocida en el año 600 antes de Cristo. Monedas transforman en billetes de banco hacia 1661 AD. La primera tarjeta de crédito en aparecer fue en 1946. Empezamos con el trueque, y ahora tenemos criptomoneda como una posible nueva forma de intercambio.

Cronología del dinero

- 1100 BC. En China, la gente comenzó a usar pequeñas réplicas de productos emitidos, de bronce
  - 600 BC Primer lugar antes de Cristo moneda oficial acuñada por el rey de Rey Alyattes en Turquía

- 1250 AD La Florín, una moneda de oro acuñada en Florencia y utilizado en toda Europa

- 1290 AD Las ideas de Marco Polo tomados de China introdujo el papel moneda para los europeos

- 1661 AD primeros billetes de banco en Suecia

- 1860 AD Western Union, dinero con electrónica de fondos a través de telegrama

- 1946AD John Biggins inventó la tarjeta de "Cargarla", la primera tarjeta de crédito

- 1999 AD bancos europeos comenzaron a ofrecer banca móvil con los teléfonos inteligentes

- 2008 AD contacto Tarjetas de pago eran emitido en el Reino Unido por primera vez

- 2014 AD de Apple de pago, Barclay, pulseras, blockchain

Si el dinero que evoluciona a través de los años como lo ha hecho en esta línea de tiempo, es necesario asegurarse de que la forma en que está haciendo también evoluciona. Muchas personas que nunca fueron digital y se quedaron en las Páginas Amarillas nunca lo hizo en el negocio por no usar Google. Nos tomar decisiones en el mundo de hoy sobre la base de opiniones y las páginas amarillas tenido que evolucionar también. (Cuando era niño, recuerdo que conseguir los arrojadas en nuestro camino. Así que muchos árboles fueron talados debido a esas cosas. ¿Alguien lo demás tratar rasgar uno para arriba? hombres más fuertes del mundo lo hicieron, así que he intentado, pero sin éxito.)

Hay 14 áreas que cubro en este capítulo:

- Actua tu salario

- Sistemas de presupuesto adecuados

- Gasto versus inversion

- Mis dólares vs. Starbucks
- Pago de la deuda
- Tarjetas de crédito
- Hipotecas
- Ahorros vs. invertir
- Jubilación
- 50-20-30 Regla
- Ingresos activos vs. Ingresos pasivos
- Alquiler vs. Propio
- Activo vs. Responsabilidad
- Impuestos

Estas áreas son elementos clavea ponerse en una gran posición y nunca dejar que el dinero te controle o su vida. El dinero es el comportamiento de un 80% y un 20% de conocimiento. Es nuestras acciones que nos hacen daño. Espero que el conocimiento que se aprende en este capítulo le proporciona una base para entender el juego del dinero. En cualquier momento, nuestro comportamiento puede superar a nuestro conocimiento. Por desgracia, nuestro sistema escolar no enseña estas áreas, así que estoy emocionado de entrar en detalle y compartir esto con ustedes.

Actuar tu salario

En el mundo de hoy, que vivimos en una

sociedad en la que intentamos para mantenerse al día con los demás. Mi amigo una vez dijo: "Los medios sociales son de ocho a diez horas de las personas que compiten entre sí para cuya vida es mejor y que posee más." ¿Qué tan cierto es eso! Crecemos necesidad de tener los teléfonos más nuevos, zapatos, automóviles, ropa, etc. Está muy bien si se lo puede permitir, pero en realidad se trata de prioridades. Me gusta llamarlo "éxito fantasma", ya que se ve bien, pero no es real. Podemos quedar atrapados en esta competición, y la persona que pierde eres tú. Ves a la gente con $ 100.000 vehículos que podrían vivir en apartamentos pequeños o siguen viviendo con sus padres. Todo en la vida puede ser fijo, incluyendo sus hábitos de consumo y la cantidad de dinero que tiene.

Si la pierde, siempre se puede obtener de nuevo. Sus solamente papel, y hay que aprender a hacer que fluya a usted, basado en el valor que le das a la sociedad. Deje de darle valor y dinero dejará de fluir a usted. Aprender a aceptar su salario. Hablo de esto en "fuentes de ingresos", donde lo que decide vehículo en cuanto restringirá la cantidad que se permite pasar sin entrar en deuda.

Recuerdo que cuando tenía 24 años y se trasladó a mi primera casa y dio la primera factura petrolera por $ 967. ¡No estaba segura de si era el alquiler o la factura del petróleo! Mi padre siempre decía que si quieres un niño grande o grande la vida chica (es decir, un adulto) estar preparado para pagar las facturas de niño grande o niña grande. Al mismo tiempo, estos proyectos de ley a veces se pueden motivar a bajar el culo y empezar a aplastarla en el juego de trabajo y dinero. Podemos obtener demasiado complacientes en nuestra vida es así, no estamos obligados a prosperar y lograr más.

Falto para hacer más dinero no es la cuestión; ¿La cuestión es cómo o qué deseo tiene la gente y lo que las cosas no tienen que realmente quieren? A veces, la presión empuja a la gente a crecer, y abruma personas. Aprender a no vivir por encima de sus medios es importante, pero también le puede obligar a salir y patear el culo. Anthony Robbins cuenta la historia de una casa que se movió en que lo obligó a soñar en grande y trabajar fuera de su trasero. (Creo que está haciendo bien, ahora.) Pero la complacencia que pueda mantenerse en el mismo lugar.

No estamos tratando de mantenerse al día con todo el mundo es una cosa clave a la actuación de su salario. Recuerdo que cuando tenía 23 años de edad, conducía un Chevy Equinox con llantas cromadas de 18 pulgadas. ¡Lo que estaba caliente en ese momento! Gané "mejor coche" en mi escuela secundaria con ella. Fui a una reunión con alguien mayor, y él me vio conducir en Starbucks. Nos sentamos y hablamos de negocios y una de las primeras cosas que me preguntó fue cómo iba a hablar de negocios cuando conducía un Chevy

Equinox. Lo miré y le dije: "No se trata del coche que conduces; se trata de lo que hay en sus cuentas bancarias. ¿Quieres comparar?" A esa edad, Tenía una buena cantidad de dinero guardado, sobre todo con la vida en el hogar, no gastar como loco, y mi negocio estaba muy próspera. Respetaba mi respuesta y consiguió el punto.

Entender esto, no es fácil ni saludable para tratar de mantenerse al día con todo el mundo. Que necesita para mantenerse al día con sus deseos y metas. Aprender a permanecer en su carril es importante. Ves a la gente que va de vacaciones todo el tiempo cuando todavía tienen la deuda. Esa es su elección, pero es diferente cuando se va de vacaciones sin deuda y con el dinero en el banco. Siento la gente se va, no vacaciones, sino para huir de sus problemas o deuda. No pueden pagarlo, pero lo hacen de todos modos. Ellos desarrollan una mentalidad de derecho diciendo "Me lo merezco."

"Aprende a construir una vida que sea tan buena que no necesites unas vacaciones para alejarte de ella".

Es importante ser inteligente y entender lo que su ingreso actual es capaz de hacer. Crear un buen presupuesto para usted con alguien que tiene la fruta en esta área de la vida para ayudar a darle un plan de juego. Si usted no es un mecánico, no trate de reparar su coche por sí mismo; aprender de alguien que lo ha hecho.

Sistemas de presupuesto adecuado

Pague usted mismo
Pague su negocio /
activo pagar sus
deudas
Pagar ahorro / inversión

La razón por la que va en este orden es que su ingreso tiene que ir primero a ustedes con lo que se les paga cada mes. Esto varía para cada persona, porque si alguien no tiene ahorros, pueden no estar dispuestos a pagar deudas o iniciar un negocio todavía. Hablo acerca de tener ese colchón extra guardado, pero la razón por la que primero paga sus activos antes de las deudas y ahorros es que potencialmente generará un mayor rendimiento y lo ayudará a ganar el problema. Si desea sobre- vivir y no prosperar, entonces el pago de su empresa / activo no importará. Todo el mundo es un poco diferente, pero estas cuatro áreas son importantes para entender y conocer.

Hay tanta información por ahí, pero Creo que no queremos sólo información, queremos la verdad. Los sistemas están diseñados para hacer que las cosas funcionen correctamente, por lo que debe tener uno para el ingreso que fluye hacia usted. Hay diferentes métodos a seguir, como el presupuesto basado en cero. Los principales elementos a entender son:

• Ingreso / salario

- Gastos fijos

- Variable
- Costo comercial
  (si corresponde a usted)

El ingreso es simple, eso es lo que lleva a casa después de impuestos, cualquiera que sea el flujo de caja que recibe cada semana, cada dos semanas o cada mes. Los gastos fijos son cosas que no cambian y deben ser pagados tales como automóviles, seguros, gimnasio, electricidad, alquiler, etc. Sea específico. Los artículos de presupuesto variable son donde muchas personas pierden dinero. Estos artículos varían según sus hábitos de gasto y las opciones de estilo de vida. Los principales gastos variables que necesita son gas y alimentos. Todo después de que es una elección, incluyendo regalos, compras y salir a comer. Algunos de ustedes podrían pensar, Bueno, entonces, ¿cómo vivir? Eso depende de dos factores: sus objetivos y su salario. A menos que quiera deuda de tarjeta de crédito, usted debe controlar su comportamiento. Cuando sus ingresos entran, el dinero fluirá a los elementos fijos y luego a los elementos variables. Su objetivo es hacer que sus gastos fijos lo más baja posible por lo que puede optar por gastar o ahorrar / invertir ese dinero extra sobrante.

"Un feliz la vida es una variable para ti. Es tuyo si lo quieres."

Después de calcularlo que sobra, parte de ella va a gas y luego la comida. Yo recomiendo comer en casa tanto como sea posible para que no pierda más dinero. Eso es una gran área donde la gente pierde su dinero en el que son descuidados en el gasto. El hogar promedio gasta más de $ 1,100 al año en el café. ¿Sabías que inventaron una máquina de café en 1905 en Italia por Melitta Bentz? Incluso puede tener uno en su casa. ¡Es asombroso! Otras cosas que la gente gasta demasiado dinero en y no se dan cuenta son suscripciones que no uso o la televisión por cable que nunca se ven o ropa que no necesitan. Todo el dinero que no se gasta puede entrar en:

- El Pago de la deuda

- invertir en el commercia / actives

- Ahorros

Es su elección en la que desea su dinero fluya; Nadie debe juzgar, excepto usted mismo. Se trata de hacer buenas decisiones todos los días, sobre todo con los gastos variables. Recuerdo que cuando era un niño conseguir dinero para el almuerzo para la escuela de tres a cuatro días a la semana, y nunca pasé. Me volvería a llevar la comida de casa o comer la comida de otra persona, y un día mis padres encontrado $1,500 en mi armario. Había salvado y ha sido frugal con mi dinero. Hacer eso como un adulto en una sociedad que siempre está compitiendo te hará sentir aún mejor. Tener dinero en los lugares adecuados es como tener calor o aire acondicionado cuando hace frío o calor. Esto hace que el interior de su hogar cómodo para que lo disfruten. Cuando presupuesto con un sistema adecuado, se siente bien al saber que no está quitando su foco o la felicidad.

Gasto vs. Inversión

Todo lo que compra o hacer es un hábito de gasto o un hábito de inversión. Que o bien perder dinero o conseguir un retorno hacia atrás para que el intercambio. Un gran ejemplo que oí fue cuando Grant Cardone se sentó detrás del plato en la Serie Mundial con un sombrero de 10x, lo cual es su marca. A pesar de que cuesta $ 40.000 para ambas entradas, fue capaz de escribir apagado y comercializar su marca en la televisión y medios de comunicación social durante 3 horas en frente de millones de personas. ¡Ese juego duró 18 entradas, lo que hizo una gran inversión! Otra persona fue al mismo juego que invirtió $ 3.000 para los billetes. Mientras tanto, él estaba en deuda y trabajar mucho. Eso ha de pasar sin retorno.

Se trata de conseguir el apalancamiento a cabo de lo que haces, es decir, ¿qué es esto que el dinero o el tiempo vaya que invertir. Puesto que tenemos una cantidad limitada de tiempo en esta vida, tenemos que hacer el máximo provecho de ella. La gente está dispuesta a invertir en el entretenimiento aún no lo harán en la superación personal, la salud, o la forma de pensar, y luego se preguntan por qué nunca progresan de la manera que quieren. Viajar es algo que pude disfrutar mucho a causa de la empresa de comercio electrónico internacional construí. Me gusta ir a las zonas donde pueda hacer negocios y hacer que la mayor parte del tiempo, como ver las cosas o conectar con la gente. En lo personal, no me gusta simplemente sentado en una playa sin hacer nada; Me gusta estar en el camino o de trabajo de la playa. Sí, es agradable para relajarse y pasar el rato, pero me encanta prosperar en la vida. Y si usted está leyendo este libro, sé que también lo hacen.

Auditar cada decisión que tomas y preguntar si se hace sentido. Tengo una "Teoría 5 Razón" se me ocurrió. Si no puede llegar a 5 razones válidas que producen un cambio de por qué usted debe hacer o comprar algo, entonces no invertir en él. Por ejemplo, supongamos que tiene un iPhone que es dos versiones de edad, pero desea que la nueva. Si la actualización a uno nuevo no cambia su vida o negocio, entonces ¿por qué hacerlo? Pero si el nuevo teléfono le permitirá tener más espacio para almacenar contenido, una mejor cámara de fotos para su marca, mejores vídeos, más aplicaciones para ahorrar tiempo y dinero, y un tiempo de respuesta más rápido, a continuación, podría tener sentido. Fue una decisión de inversión, no un gasto decisión. La gente va a comprar coches o casas para alquilar cuando no están usando ellos, y tomar su decisión gasto de una decisión de inversión. Uber vio un hueco en el mundo de los coches que no son utilizados mientras que las personas estaban en casa. ellos haciendo dinero. Uber también creó más un eficiente sistema de "taxi" que ha ayudado a muchas personas a moverse. Convirtieron el dinero muerto en dinero en movimiento y un servicio.

Incluso la contratación de empresas de jardinería o de limpieza para su hogar puede ser una inversión o gasto. Si usted tiene un negocio o maneras de hacer dinero, puede tener sentido contratar a alguien para cuidar de esta manera se puede aprovechar su tiempo a hacer más. Todos podemos limpiar nuestros coches, pero ir al túnel de lavado de modo que se ahorra tiempo y estrés. Este es el apalancamiento. Al comprar un libro, que gasta el dinero para obtener un retorno de los conocimientos que obtenga. Si compra un libro o revista que chismes y le enseña nada, entonces usted pasó en lugar de invertir. Que recibió nada a cambio, excepto noticias negativas. ¿Estás haciendo un mayor gasto de inversión se mueve o se mueve?

"Domina el dinero te dominara"

Yo Dólar vs. Starbucks

Existen muchos programas o modelos comerciales diferentes que le pagan un descuento por ser usuarios leales de su producto o servicio. Muchas tarjetas de crédito le recompensan en puntos o sitios web que le dan un descuento ya que eliminan los intermediarios y los flujos de dinero de nuevo a usted de diferentes maneras. Para los viajes, incluyendo hoteles y aerolíneas, ¿existen programas o tarjetas que le dan estancias gratuitas o premios y también se ajusta a su presupuesto? Si usted es dueño de un concesionario de Mercedes, ¿por qué comprar algo en Audi y representan una marca que no le paga? Aprender a ser fiel a lo que es leal a su familia. No verá Lebron James con una camiseta de Cleveland Cavaliers, mientras que él está jugando para Los Angeles Lakers. Derek Jeter, fue leal a quién era leal a él, por lo que lo respetaba mucho. Aprendió a ganar en el equipo con el que se plantaron, por lo que era conocido como "El Capitán". Aprende a hacer su propio café. Si tú compras Starbucks cada día, y que ya está en deuda, entonces no se puede permitir. Sé que es una droga, y te gusta la copa con la sirena en él y alojarse en un Autoservicio línea porque eres demasiado perezoso para salir de su coche, pero es necesario actuar con su salario. Todo esto se suma el gasto discrecional. En 2017, la persona promedio gasta $ 1,100 por año en el café para llevar. He aquí un consejo: En 1908, Mellita Bentz creó la primera máquina de café de papel cerveza por goteo utilizando un filtro que hace fuera de papel secante. Está muerto fácil de usar y le puede ahorrar mucho dinero. Algunos pueden decir que así se ahorra "tiempo", pero al final todavía esperar en la cola y gastar dinero extra. Levantarse más temprano para empezar el día y tomar buenas decisiones para ahorrar dinero.

Si siempre estás cansado, a continuación,

comer mejor y tratar para un gran sueño; que será el mejor y más natural manera de obtener más energía.

El pago de la deuda

Creo que es una locura cómo nuestro sistema escolar de la universidad nos enseña que está bien para entrar en la deuda con una tasa de interés del 8 al 12%. Tienes que salir de la universidad con préstamos que son similares a los préstamos de coche o incluso hipotecas con ningún concepto de lo mucho que realmente va a costar. voy a explique cómo funciona el interés de las tarjetas de crédito y cómo pagar apagado correctamente. Todo el mundo es diferente con su propio plan de juego y lo que tiene sentido para ellos en base a lo que han ahorrado dinero, sus ingresos, o qué tipo de deuda que tienen. Es importante tener un fondo de emergencia de al menos tres meses de gastos fijos en caso de que algo sucede. Una vez conseguido eso, entonces usted necesita para establecer un plan de juego de la manera de pagar su deuda en base a su presupuesto. Elevar sus ingresos lo más alto posible y reducir sus gastos lo más bajo posible. Aprender a recortar la grasa, tales como la cancelación de membresías o suscripciones que no es necesario, la reducción de su seguro de automóvil, o la compra de alimentos menos costosos. Esto libera más dinero para invertir, ahorrar o pagar la deuda.

A continuación, es necesario determinar las tarjetas de crédito, que debería ser pagado primero.

Hay grandes programas de reparación de crédito por ahí que también ayuda si usted tiene una gran cantidad de deuda. plan de juego de cada uno es único.

Conoce a Bob; este es su presupuesto:

Ingresos: $ 2.800 / mes ($ 700 / semana) Total de Gastos Fijos $ 1,900 / mes ($ 475 / semana)
Gasto variable $ 400 / mes ($ 100 / semana)

La deuda de crédito
Tarjeta 1: $ 1,200 a un interés del 28%
Tarjeta 2: $ 500 en interés del 15%

Ahorros actuales
$ 2.700

Esto deja a Bob con $ 500 / mes ($ 125 / semana) de sobra. Bob dice que no ve que el dinero extra y se pregunta dónde va. Se entra en los gastos variables, ya que sólo pasar la tarjeta y nunca realmente sentimos el dinero dejando a nuestros bolsillos. Así es como se acumula la deuda de tarjetas de crédito. Si Bob se pega a su presupuesto, que debe ser capaz de pagar sus deudas en cuatro o cinco meses, y entonces no tendrá deuda de tarjeta de crédito más. Tiene sentido para pagar la tarjeta con el interés más alto primero desde que sus pagos tienen más efecto y ahorrar más dinero. Tiene dinero en ahorros, pero no es igual a tres meses de gastos fijos. Podía seguir ahorrando, pero será perder más dinero en intereses cada mes, por lo que, para Bob, que podría tener sentido para pagar sus tarjetas de crédito en primer lugar, a continuación, empezar a trabajar en sus ahorros.

Tarjetas de crédito

Con las tarjetas de crédito, si usted tiene un saldo de $ 1.000 y su tasa de interés (APR) es del 20%, la manera en que su pago mínimo se calcula generalmente es de 1% es principal, que es de $ 10 para el mes, y el 20% se divide en 12 meses, por lo el 1,6%. Así que eso es $ 16 en te interesan paga. ¿Cómo ves el reto aquí? Usted acaba de pagar más intereses que capital por lo que tomará años para pagar su tarjeta de crédito. Es por eso que es tan importante para el presupuesto correctamente con un sistema para pagar rápidamente las deudas para que no pierda dinero. Las tarjetas de crédito deben usarse como tarjetas de débito, lo que significa que, si no las tiene, no las gaste. Actuar su salario. Hay grandes recompensas y beneficios para algunas tarjetas, así que si usted utiliza su tarjeta de facturas u negocio gastos, que tiene sentido para recoger los puntos que se convierten en dinero.

¿Quieres saber dónde está ese "puntos dinero" viene de? Cuando usted utiliza su tarjeta de negocios, que cobran un porcentaje determinado, digamos 2-4% de ese negocio para permitir que la tarjeta para hacer compras allí. La mitad de ese porcentaje se destinará a pagar por la transacción, y la otra mitad entra en el programa de puntos / recompensas. Se puede agradecer a su dueño del negocio local de los puntos que ganó para ir en sus próximas vacaciones.

hipotecas

Una hipoteca es un préstamo de un banco o prestamista para financiar la compra de su casa. Cuando se toma una hipoteca, usted acepta que prestamista tiene el derecho de tomar su propiedad si usted no vaya a devolver el dinero que ha pedido prestado incluyendo los intereses. La casa se utiliza como garantía. Digamos que su casa es $ 300.000, impuesto a la propiedad es de $ 3,000 al año, el seguro es $ 1,500 al año, la tasa de interés es del 4,5%, y su pago mensual es de $ 1.520. ¿Cuánto de ese pago mensual va a pagar intereses y cómo va a pagar hacia el principal? Compruebe esta tabla:

Interés - Principal
Año 1: 1.125 $ -
395 $ Año 5: 1.025
$ - $495
Año 10: 901 $ - $ 619
Año 14: $ 760 - $ 760

No fue hasta 14 años más tarde va a empezar a pagar más por último director de interés. Pero luego se llame y pregunte si desea refinanciar, que se reiniciará el ciclo de interés. La falta de educación financiera significa que conseguirá aprovechado. Sólo debe comprar lo que puede pagar basado en sus ingresos, y tratar de hacer pagos dobles. Si ha pagado su préstamo en la fecha prevista del banco de 30 años, que habría pagado $ 247 220 en el interés por esa casa. Piense en lo mucho que podría haber hecho si hubiera invertido $ 247,22 mil que, en acciones, bienes raíces, o negocio.

A menudo, el interés deducible de impuestos. Esto ayuda con posibles ventajas e incentivos fiscales. La situación de cada persona es diferente por lo que puede o no puede tener sentido para pagar su casa de inmediato. Es importante tener a alguien para ayudarle a entender las implicaciones finánciales. Usted puede ser capaz de hacer más por invertir ese dinero en otro lugar de aplicarlo a sus pagos mensuales. Una vez más, tiene que sentarse con un experto para ver lo que tiene sentido para usted.

Ahorro vs. Inversión

Las tasas de interés en las cuentas de ahorro han cambiado drásticamente en los últimos 30 años. En 1980, la tasa de interés de ahorros fue del 13,5%, y en la actualidad es de alrededor de 2.1%. En 1980, $ 10.000 ganaría $ 1,350 / año en est inter; Hoy en día se gana $ 210 / año. Esa es una gran diferencia. Lo que es más loco es que los bancos están ganando mucho más dinero de su dinero que tú. Se prestan a otros clientes de crédito para los hogares, las tarjetas, o los coches. La mejor oferta en la ciudad es de poseer el banco.

Utilizar el dinero que usted no trabaje que préstamo a otros concepto interesante. No se olvide de factor costos de la inflación y cómo aumentan cada año.

- Gas era $ 1,06en 1990 y es $ 2.49 en 2019.

- Un coche nuevo en 1990 fue de $ 9.437 y $ 34.000 en 2019

- Casas eran $ 149.800en 1990, y en 2019, el hogar promedio es de $ 274.000.

Cuando su dinero sólo se sienta allí y No se invierte, lo que realmente pierde valor. Aprender a obtener un retorno de su dinero es la clave para mantener el ritmo de la inflación. Hay fiduciarios que legalmente tienen que dar consejos que no le beneficia sólo ellos. Esto le permitirá obtener rendimientos en cualquier lugar entre 4-12% o más. Una cuenta básica Vanguard en el S & P 500 ha producido un rendimiento promedio del 9,8% durante los últimos 90 años. Eso es mucho mejor que el 2% de su cuenta de ahorros. Cuando usted invierte en acciones, se trata de la cantidad de riesgo y la recompensa de manejar y si desea administrar o tener a alguien que manejarlo. Hay muchas opciones, así que elige lo que sientes es mejor tanto en relación a gota y por el resultado que desea. Warren Buffet dijo:

"Si usted no aprende cómo hacer dinero mientras duerme, tendrá que trabajar hasta que mueren ".

"Wall Street es el único lugar que la gente monta en un Rolls Royce para obtener el asesoramiento de los que toman el metro."

Es necesario tener en cuenta cuando se está gastando vs verdaderamente invertir. Todo se reduce a dos cosas:

1. Presupuesto correctamente
2. Asegurarse de que sus comportamientos coincidan con sus objetivos financieros a largo plazo

Si esas dos cosas están en línea, que va a hacer muy bien.

Jubilación

Muchos piensan que la jubilación es una edad, pero no lo es. Es cualquiera:

- Ingreso constantes, ya sea que trabaje o no, como ganar la lotería para la vida, pero en realidad ganándose
- Tener suficientes ahorros para vivir de
- Tener una pensión que su empresa

le brinda

Ahora, dependiendo en el vehículo que elija, esto puede suceder en sus 20s, 30s, 40s, o no hasta que estés en sus años 60 o posterior. Tienes la oportunidad de elegir si desea retirarse del persiguiendo el dinero todos los días y empezar a perseguir metas y pasiones. No sabía que me gustaba escribir tanto, sino porque he construido un ingreso de tuberías que me paga bien, me ha dado el tiempo para escribir este libro y también hacer lo que amo, que es para guiar a los demás en los negocios y la vida. Cuando usted analiza cómo gasta su tiempo:

- 1/3 de dormir

- 1/3 de trabajo

- 1/3 de estar o hacienda man dados

Usted legar a elegir cuando se quiere hacer 2/3 de su vida viviendo y la cantidad de dinero que necesita para permitir que usted viva que la vida realmente le gusta. Pero incluso cuando se retiran del trabajo o de su negocio, que es mejor tener por objeto o un deseo de impacto porque sólo vive para el placer por sí mismo va a envejecer muy rápidamente. Me gusta el golf, pero no puedo imaginar jugando que cada día sin aburrirse. No espere toda su vida a retirarse. Encontrar formas que le permiten disfrutar de su vida ahora y tener opciones en sus 30s, 40s, 50s o para viajar, dar a organizaciones benéficas, comprar ese coche que siempre has querido, o cuidar de su familia. Hay muchas opciones; sólo tiene que buscar el conocimiento.

La vida es como un césped; cuando se corta el césped, se sabe que va a necesitar eventual para cortar de nuevo. Si no se mantiene, se pierde la belleza de la hierba. Es lo mismo con su dinero, jubilación o inversiones. Es necesario para su seguimiento. No se trata sólo de hacer el dinero; se trata de "mantener" el dinero y luego haciéndolo crecer. Puede dejar reposar allí o hacer que se multiplica en muchas formas de- pendiendo de qué valor que aporta a la sociedad y cuáles son sus objetivos. Lo que es sorprendente es que un día que el dinero se pone de distancia ayudará a sus hijos o ir a organizaciones benéficas o cualquier lugar para ayudar a los más. Sí, usted quiere disfrutar de ella, sino también lo que dejas atrás se apreciará, y la vida puede incluso ser salvo causa de ella.

"Una sociedad se hace grande cuando los árboles viejos vegetales cuya sombra que saben que nunca se sentarse."

~ Proverbial Griego

50-20-30 Regla

Se trata de cómo se debe repartir su dinero que entra.

50% es para sus necesariamente

- Comestibles
- Alojamiento
- Utilidades
- Seguro de salud
- Pago del coche

30% es para sus quire

- Compras
- Comida
- Aficiones

20% es para sus ahorros

- Ahorros e inversiones

Este equilibrio es clave para estar bien redondeado con dónde y cómo fluye el dinero. Es una gran pauta a seguir para organizar su dinero en los lugares correctos. A menudo, la gente lucha con los ahorros, ya que no tienen un objetivo a largo plazo. Imagínese si se lo decía a ahorrar $ 100.000 en 3 años y que iba a ganar $ 1.000.000. ¿Cómo se centraron serías! Cuando se tiene una meta de que su dinero debe ir, entonces se está controlando el dinero en vez de controlar su dinero usted.

Ingresos activos versus ingresos pasivos.

Hablo sobre esto en el capítulo de las fuentes de ingresos. También puede llamar a los ingresos cubo o ingreso tubería. Que o bien tendrá el dinero trabaje para usted, o va a trabajar para ello. Ir al pozo para sacar agua o crear una tubería que va desde el pozo hasta su casa por lo que ahorra tiempo y le permite vivir más la vida. La razón de por qué se llama renta activa es que usted tiene que trabajar de forma activa y continuamente por ella, mientras que los ingresos pasivos sólo requieren hacer algo una vez y luego continuamente trae dinero en. Es posible que haya un poco de trabajo de mantenimiento requerido para que eso ocurra, pero es una activo flujo de caja. propiedades de alquiler, empresas basados en suscripción, o inversiones con retornos mensuales o anuales son flujos de ingresos pasivos.

"No seas rehén del tiempo o del dinero".

Alquilar vs propio

Este es el caso por caso para cada persona dependiendo de su nivel de ingreso y situación financiera. Cuando desciende a los coches, todos sabemos que al comprar uno nuevo, se deprecia tan pronto como es conducido fuera del lote. En los primeros 12 meses, un coche se depreciará en aproximadamente un 20%, por lo que pierden una gran cantidad de dinero de inmediato. Si usted quiere comprar un coche que es también un buen negocio, usted debe:

- Arrendar uno (si no lo hace repasar millas requeridas)

- Comprar uno que es de 1-2 años de edad, se encuentra en buena condición y tiene bajo kilometraje

Un coche, al igual que su casa, no es un activo; se trata de un responsabilidad. Las excepciones son si lo usa para el negocio o si se trata de una inversión, como por ejemplo un coche exótico o de época.

Cuando usted compra un coche, es probable que hacer pagos mensuales durante cinco años. Vamos a hacer algunos cálculos ...

Si paga $ 30.000 y la tasa de interés es del 3,5%, tendrá que pagar $ 2,745 en intereses totales. En cinco años, que el coche tendrá un valor de alrededor de $ 8.500. Tu pagaste
$ 32.745 total para ese coche, lo que significa que ha perdido $ 24.245 ya sus sólo un valor de $ 8.500 después de cinco años. Programas de arrendamiento son a veces más barato, y si usted tiene un negocio, usted puede cancelar parte o la totalidad de ese costo.

En la búsqueda de coches, es una decisión basada en lo que quiere y lo que puede permitirse. Mucha gente se pregunta si se debe conseguir un coche nuevo o usado. Con los coches usados, se pueden encontrar grandes ofertas, y recomiendo coches menos de 20.000 millas o menos y en perfecto estado. Al empezar a buscar a los coches con más millas, podría encontrarse con problemas de mantenimiento que pueden costar más en el largo plazo. Es posible que haya gastado menos en ese coche con más millas, pero que no salvar la paz de la mente. Echa un vistazo a esta comparación de arrendamiento frente a la compra:

Beneficios potenciales de arrendamiento

- Pago inicial más bajo

- Pagos mensuales más bajos disponibles.

- Reparaciones generalmente cubiertas por la garantía.

- No hay venta de automóviles involucrados al final del arrendamiento

- Posible opción de un auto nuevo cada pocos años.

Beneficios potenciales de comprar

- Eres dueño del auto

- Elija el nivel de cobertura de seguro que desea pagar

- Modificar el auto sin temor a romper el contrato

- Sin límites de kilometraje

• Vender automóvil en cualquier momento (siempre que pague lo que debe por el préstamo)

Esto también funciona para el alquiler frente a la compra de una casa. Incluso después de que su casa se paga, usted todavía está pagando impuestos, mantenimiento y servicios públicos para el hogar. Usted está pagando el precio "alquiler" para siempre a vivir en su casa. Sí, usted empieza a adquirir una cierta equidad en una casa como la pagas, pero como hemos hablado de antes, mayo pasar años antes de empezar a pagar un capital más grande en lugar de interés. Auditar lo que es mejor para usted en estos dos temas con alguien que conoce sus finanzas, sino también educar a ti mismo.

Activo vs. Responsabilidad

Una casa es un pasivo porque hay que pagar dinero en vez de él que pagar dinero al igual que con una propiedad de alquiler. Cuando se piensa en lo que se pone en su hogar para mantener cada mes, además de todo el interés que he mostrado antes, usted es Poner dinero en algo que no produce un retorno. Es posible decir que el precio de la vivienda va a subir, pero en el mercado actual, eso no es necesariamente cierto. Un coche es un pasivo, así, ya que no ganar dinero con ella. Convertirse en un conductor de Uber podría convertir su coche en un activo, pero también se deprecia su coche más rápido por el desgaste y el aumento de millas.

Para todas las decisiones de compra, pregúntese si están comprando un activo o un pasivo. Recientemente, he actualizado desde un MacBook Air a un MacBook Pro debido al trabajo que pueda realizar en la misma más el tiempo de ahorro a través de una mayor eficiencia. A menudo hacemos las compras de responsabilidad que producen no retorno sólo para quedar bien o para mantenerse al día con todos los demás. Trate sólo para comprar activos que progresan su vida o negocio. Eso es lo que los que sobresalen hacen.

Impuestos

El gobierno de Estados Unidos recoge impuestos sobre la renta, impuestos sobre la nómina, impuestos sobre las ventas y los impuestos de bienes raíces de los individuos y empresas. El gobierno desembolsa el dinero, de acuerdo a su presupuesto, a la agencia apropiada a utilizar para fines como la defensa nacional, la seguridad social, la educación, parques nacionales, o los servicios públicos como el bienestar.

¿Cuál es la renta imponible?

Hay dos tipos de ingresos sujetos a impuestos: ingreso del trabajo y los ingresos no ganados. El ingreso del trabajo incluye:

- Salario
- Salario
- Consejos
- Comisiones
- Bonificaciones
- Beneficios de desempleado
- Pago por enfermedad
- Algunos de los beneficios

Los ingresos no ganados imponibles incluyen:

- Interesar
- Dividendos
- Beneficio de la venta de activos
- Negocio y los ingresos no agrícolas
- Alquilar
- Regalías
- Las ganancias de juego
- Pensión alimenticia
- Es posible reducir la renta imponible, contribuyendo a una cuenta de jubilación como una401 (k) o un IRA.

Fundamentos de impuestos: ¿Cuáles son las deducciones aceptables?

El gobierno permite la deducción de algunos

tipos de gastos de El ingreso de una persona bruto ajustado (ingreso bruto menos los ajustes). Una persona puede excluir algunos ingresos de los impuestos mediante el uso de una cantidad de deducción estándar determinado por el gobierno y el estado civil de una persona o por detallar ciertos tipos de gastos. Los gastos detallados permitidos incluyen intereses hipotecarios, impuestos estatales y locales, contribuciones caritativas y gastos médicos.

En Estados Unidos, nuestro sistema fiscal está configurado para los empleados a pagar más en comparación con el negocio. Las empresas emplean a los demás y mantener la economía en marcha y creciendo. Tenemos un sistema fiscal progresivo en el que aquellos que hacen la mayoría del dinero pagan el porcentaje más alto en los impuestos. A excepción de aquellos que hacen la mayor parte de su dinero comprando y venta de acciones; que pagan aproximadamente la mitad del porcentaje que se paga a todos los demás. Las empresas se gravan de manera diferente a los empleados y se les permite pagar sólo impuestos sobre sus ganancias y no sus ingresos. Las empresas se les permite reportar beneficios a sus accionistas, pero luego reportar un número diferentes en su totalidad al gobierno al llenar sus impuestos. A veces, muy grandes corporaciones pagan impuestos absolutamente ninguna en absoluto.

Las empresas están gravadas, sin embargo, y paguen su parte. También emplean personas, lo que estimúlala economía. Ellos pueden tener una gran cantidad de exceso de la cabeza de operar, por lo que, si no recibían incentivos fiscales, serían despedir a los empleados. Esto es por lo general lo que sucede cuando una empresa tiene que "reducir su tamaño."

Compañías gravando de manera diferente que el ciudadano medio. Cuando una persona hace el dinero, que se gravan sobre una parte de sus ingresos totales. Hay maneras que usted puede evitar algunos de estos impuestos en función de su situación. Si usted compra una casa, por ejemplo, usted no tiene que pagar impuestos sobre los intereses que paga el banco en su hipoteca. En realidad, hay maneras de reducir su tasa de impuesto docenas, pero la mayoría de ellos son tan oscura que muy pocas personas saben acerca de ellos. Pero las empresas no pagan impuestos sobre la renta en absoluto; que están gravadas únicamente en el beneficio. Los gastos de negocio no se gravan. Las personas no se les permite amortizar los gastos de esta manera, pero las empresas son. Hay muchas maneras en que las empresas pueden afirmar que el dinero que ganan no es realmente el beneficio en absoluto.

Lo que esto significa es que las personas que ganan salarios paga un cierto porcentaje de sus ingresos en impuestos, pero si usted es dueño de un negocio, usted tiene legalmente a pérdidas y ganancias que los empleados no tienen, como su coche, teléfono, parte de su casa, de viaje, y las comidas. La investigación de ella, y se abrirá los ojos a los recortes de impuestos que recibe de ser propietario frente a un empleado.

Coche ideal Conclusión

En la analogía Corvette, un día chico se fue a la casa de su amigo que recientemente había comprado un Corvette. Le pidió a su amigo por qué pagó $ 70.000 para un coche cuando hay tantos niños hambrientos en el mundo. Su amigo le explicó lo que se tardó en conseguir que el coche a ese precio:

- Los mineros para obtener los materiales para el coche

- La mano de obra y camiones para llevarlo a la fábrica para hacer piezas

- La fábrica que empezar a montar el coche

- La empresa de transporte y el barco que lo envió

- El camión / persona que lo trajo a la concesionaria de automóviles

- La persona que estaba detrás de un escritorio para ayudar a coordinar el envío

- El vendedor de automóviles que vendió el coche

- La persona que se detalla en el garaje

- La persona de finanzas que comprueba su

crédito y se preparó el préstamo

- La persona que firmó los papeles para dejar que lo conduce fuera del lote

- La estación de servicio de gas que tienes

- El mecánico que un cambio de aceite

- El lavado de coches que tienes antes de que se presentó en la casa de su amigo

Creo que entiendes el punto. Ese dinero fluyó a tanta gente para llegar a ese precio. Se remonta a cómo nuestro dinero ha cambiado y la historia del sistema de trueque. Bienvenido a nuestro nuevo mundo de cómo funciona el dinero. El dinero es una herramienta para la compra de ductos o servicios Pro-, y eso es todo. He estado en el lugar donde me gustaba el dinero, y me vine abajo. Amar el dinero comienza a poseer su corazón, que no es un buen lugar para estar en. ¿Si hay que trabajar duro y hacer las cosas bonitas? Por supuesto. Tenía algunas de las personas que Mentor de negocios recientemente conseguirme dos regalos sorprendentes para mi cumpleaños: un hermoso globo del mundo y un yate magnífico, que dice:

"La vida es un viaje de experiencias y que se compartirlos con. Cualquier persona puede tener la riqueza física, sino preguntar, ¿cómo es su riqueza emocional ".

Una de mis metas es comprar un yate en los próximos años, pero no estoy tan entusiasmado con el yate real como yo por las conversaciones, las relaciones, y hacer turismo que podemos hacer en él. Es su propia línea de cruceros personal que se puede tomar en cualquier momento. De lo que estoy realmente entusiasmado es que quiero hacer un "Sueño del día de los niños" un par de veces al año con los niños que han tenido educaciones duras con tal vez no los padres estar ahí para ellos o estar en ambientes malos crecimiento. Quiero hacerles experimentar la vida en el agua con un gran día de diversión y comida.

Las experiencias son, lo que ha cambiado mi vida, y construir una hoja de vida la vida de esas experiencias. El dinero permite experiencias. El verano pasado, me alquiló una casa para toda mi familia en Barbados. Mi familia nunca olvidará que, sobre todo llegar a ver a mi madre a la danza Pitbull mientras que se resuelve a las 7:00 a.m. en un acantilado con vistas al océano Atlántico. Eso fue una cosa increíble para ver y me hizo rompa ver a mis padres disfrutar de la vida tanto.

Lo interesante de este viaje es que a medida que exploramos la isla, vimos algunas partes que estaban luchando, y se rompió el corazón. El segundo y último día de nuestro viaje, que estaba sentado en la cubierta sobre- mirando una vista increíble. Algo en mi corazón se sentía mal, y me sentía culpable de estar allí disfrutando de todo. Sí, he trabajado duro para disfrutar de ella, pero sentí el impulso de hacer algo. Decidimos como una familia para hacer actos de bondad al azar y mostrar amor por la isla.

Fuimos a un supermercado y cargado hasta tres carritos de la compra de alimentos. La gente nos miraba aturdido pensamiento hubo una tormenta que no conocen. Volvimos a la casa, y como familia, ponemos toda la comida en bolsas. Nos condujo a la isla durante tres horas y pasamos esas bolsas a la gente aleatorio y se detuvieron en algunas iglesias. Sí, las playas y el sol estaban muy bien, pero dando la espalda cuando se le ha dado tanto es la mejor bendición. Lo que es aún mejor es que uno de mis mejores amigos y su hijo estaba en este viaje, y para ver a su hijo experiencia de está devolviendo poner una huella en su corazón para toda la vida.

Le dije a un gran amigo recientemente que estaba en el negocio conmigo durante algunos años:

"Puede que no haya sido capaz de conseguir un cheque de usted cada mes con el negocio que estábamos involucrados en conjunto, pero tengo algo aún más valioso poder: una verdadera amistad con usted y su esposa increíble. Estoy muy orgulloso de que convertirse en padre. Su hijo va a ser bendecido con los dos y los cimientos que ya tiene y están construyendo sobre. Usted inspira a mí, brote, y aprende de su corazón y la sonrisa que bendigas con el mundo. Cualquier cosa que pueda hacer por usted o cualquier consejo que puedo dar, siempre

estoy aquí para ti, amigo. Sólo quería hacerle
saber qué. ¡Que tengas un gran día!"

Presupuestos se trata de ser un buen administrador de su dinero. Se trata de diferir el consumo con las cosas que realmente no necesita que tal vez otros lo hacen. Actuar su salario y ser un gran administrador de su dinero para usted y su familia. He visto a las familias a romper el dinero, las relaciones y las personas, y es triste. Por favor, no deje que un pedazo de papel romper una relación, ya que, cuando se les compara, una persona es mucho más valioso que un pedazo de papel. Siempre recuerda eso.

Examen

Valorar esta roca por sí mismo en una escala del 1-10.

____

____

¿Cuál fue su parte superior para llevar de este capítulo?

____

____

¿Qué deficiencias tiene usted en esta roca?

____

____

¿Cuál es su plan de juego y la acción para corregir estas deficiencias?

____

____

4

SALUD

Si le dieron un coche para toda la vida que hay que cuidar, usar y cuidar, ¿cómo tratarla? Probablemente increíble, ¿verdad? No se permite comer o beber en el interior, ducha después de ir al gimnasio, y sin pasar ningún olor a su vecino en el coche. Se podría mantenerlo limpio y asegurarse de que tiene los cambios de aceite. Si desea hacer eso para un coche, ¿por qué no hacer eso para su vida? Se obtiene un solo cuerpo, así que tome el cuidado de él. Con tanta investigación por ahí, muchas personas no quieren la información, que sólo quieren la verdad, y eso es lo que mi libro. Te voy a dar el mejor contenido en un solo lugar sin tener que buscar por todas partes y se dejen confundir.

Su cuerpo se compone de seis partes:

- Esqueleto

- Músculo

- nervios

- Sangre / venas

- Piel

- Espíritu del alma

Su esqueleto o de los huesos son la base, como la base de que una casa se construye. El hormigón crea la tierra firme que necesitamos para construir una casa sobre. Si su esqueleto no es fuerte, sus músculos no tienen correctamente. Otro buen ejemplo es el cuerpo de un coche; su esqueleto es como el marco. Si el marco del coche no es fuerte, no va a mantener su peso. Voy sobre esto en la sección de vitaminas y tener una nutrición adecuada para asegurarse de que su marco es saludable. Al igual que un coche, el óxido comienza a formar, que es la debilidad en el marco, y no permite que el resto del cuerpo para mantenerse unida. El desgaste que va a pasar de forma natural, pero se puede prolongar si se maneja apropiadamente. Con una casa, si no se utiliza la madera apropiada, y las vigas de la derecha no están en los lugares correctos, la casa va a cambiar y desarrollar grietas en los últimos años debido a que la fundación no fue atendida correctamente. Lo mismo se aplica a los huesos. Sus músculos, si no resuelto, con el tiempo se debilitarán. Son como los paneles de placas de yeso y madera en el interior de su casa que le permiten construir sobre ellos. músculos adecuados permitirá tener una postura correcta también. En el mundo de hoy, débil. Es por eso que ejerce su espalda es la clave.

Los nervios son su sistema operativo, el programa informático que permite que todo funcione de manera eficiente. Los nervios son como la electricidad en su casa que alimenta el resto de su cuerpo. Es lo que da energía a las habitaciones o partes de su cuerpo. Si estas conexiones no se hacen bien, su cuerpo no funciona, o funciona en el dolor. ¿Alguna vez ha vuelto de un interruptor de encendido, y que no se enciende, o la otra habitación no enciende? Eso es porque las conexiones están apagadas y no se acomodan bien. Es necesario hacer ajustes para corregir aquellas cosas que están fuera.

Tu sangre es el agua que le permite vivir en su casa. La enfermedad y la vida están en poder de la sangre. Sin sangre o agua, no se puede vivir y finalmente mueren. Lo que respiramos, consumimos, o disfrutar de es vital para nuestra sangre. Recuerdo una vez que vi a un amigo fumar y dijo: "¿usted acaricia su vida?" La respuesta fue sí. Le dije: "Si realmente aprecian su vida, usted no pondría veneno en el interior de su cuerpo." Esta persona puso ese cigarrillo hacia abajo y nunca ha fumado de nuevo. Si el valor de algo, que será recordado, sobre todo si sólo tiene uno de él como su cuerpo por el resto de su vida. Ciertas cosas que pueden tener en la moderación, como demasiado atún aumenta la probabilidad de problemas de mercurio en su cuerpo, pero también es una gran fuente de proteínas. Otro ejemplo es el vino tinto es bueno con moderación.

Su piel es la parte exterior de su hogar. Sus lo que te protege del mal tiempo. Es como el revestimiento o la moldura de su hogar. Este es el panel fuera de la casa que evita el mal tiempo que afectaría el interior de la casa. Si está húmedo o no es fuerte, no crea una buena base y, con el tiempo, se derrumba y cae. Cuidar adecuadamente de su piel con el sol importante. El exterior de su casa puede comenzar a desvanecerse en zonas debido a la exposición a la luz solar. (No hacen protector solar para los hogares, sin embargo, pero cuando lo hacen, se deben utilizar totalmente eso.) Dependiendo de qué parte del mundo que nuestros antepasados crecieron en, ciertos tipos de piel son más adaptables a la exposición al sol. Usted debe darse cuenta de eso con su médico. Natural La vitamina D es muy bueno para usted, pero con moderación. Sol es la vida, pero demasiado de cualquier cosa poder sé malo.

Su alma y el corazón son el interior de su hogar. Es el diseño cuando entras y la adquisición de mobiliario para tura. Lo llamo el Feng Shui. Es la atmósfera personas se sienten cuando entran a su vida. Su ambiente afecta a su tribu. Usted puede tener todas las otras cinco zonas de su cuerpo grandes, pero esto es lo que permite a las personas a mantenerse a su alrededor. ¿Cómo se trabaja en esta área de su cuerpo? Cuidar de las otras cinco áreas y concentrarse en sus rocas de crecimiento espiritual y personal. Esas rocas serán el mejor diseñador para su cuerpo.

Conocer sus objetivos

Saber lo que su tratando de lograr es la clave para su Mundial de la Salud. Hay cuatro tipos de fitness gente se esfuerza para:

- Mantenimiento
- granel
- Desgarrar
- Atleta

Mantenimiento es más de una sesión de ejercicios para mantener su cuerpo de conseguir fuera de forma. Se va al gimnasio 2-4 veces a la semana durante 30-45 minutos para mantener una buena cantidad de grasa y músculo en función de lo que haces. Lo llamo el tipo de entrenamiento que usted es ya sea para hablar o en su teléfono desplazándose por la mitad del entrenamiento. Con este objetivo, a mantener su cuerpo en buena forma.

Abultar es, básicamente, no ser capaz de encajar en su ropa por más tiempo porque sus músculos son más grandes. Levantar mucho peso para ganar masa y tamaño. Llamamos también que "hunka bunka" en Long Island, Nueva York; No estoy seguro de lo que es su término en su área local.

Triturar es tener el peso corporal que se supone que debes tener, pero usted está en el modo de 6 a 8-pack. Esto toma una dieta extrema y entrenamientos consistentes con la nutrición y la formación adecuada para asegurarse de que su físico es bueno.

He sido un atleta durante la mayor parte de mi vida, que es cuando se está en buena forma, puede moverse y hacer actividades físicas muy sin problemas. Con este tipo de objetivo de fitness, su cuerpo está en forma, sino también ágiles y capaces de moverse rápidamente. Lo más probable es flexible, como bien y tienen una gran energía al hacer cosas simples como limpiar la casa, trabajar en el jardín, o jugando con los niños. Este tipo de entrenamiento implica super entorno (no tomar descansos entre series) y cardio mixta en forma adecuada.

"Hacer ejercicio no puede ser un objetivo, tiene que ser una promesa".

---

entrenamientos

La elaboración es como correr su coche y conducirlo para que siga funcionando. Si dejas pasar mucho tiempo, se oxida, y las tuberías de desarrollar fugas. Sus músculos, ligamentos, el chasis y el flujo de sangre se ven afectados por no hacer algún tipo de ejercicio y el movimiento. Dependiendo de lo que está tratando de lograr el cuerpo a gota, un gran entrenador le dirá el tipo de entrenamientos y la cantidad de tiempo necesario o la dieta para lograr ese tipo de cuerpo.

El ejercicio puede proteger de la enfermedad, bajar de su cintura, y también extender su vida. Esto es por eso que es una de las siete rocas de la vida. La comprensión del plan de la derecha y el conocimiento acerca de cómo configurar su rutina de ejercicio es clave para que sea parte de su vida. Es necesario saber por qué estás trabajando, su motivación detrás de él. También hay enormes beneficios de hacer ejercicio, incluyendo:

- Disminuir la velocidad del proceso de envejecimiento. músculos envejecimiento tener problemas para regenerar y tienen menos y menos eficientes las mitocondrias, que produce las potencias energéticas de nuestras células. Pero el ejercicio, especialmente cuando está en alta intensidad, se incrementará el número y la salud de las mitocondrias.

- Te hace más feliz. El ejercicio puede aliviar los síntomas de la depresión y ayudarle a lidiar con el estrés y la ansiedad. El simple hecho de levantarse y caminar puede hacer que se sienta más feliz.

- Alarga su vida útil. El ejercicio se ha conectado una y otra vez a la reducción tasas de mortalidad. Algunos de la investigación más interés- proviene de extensos análisis realizados en el Instituto Cooper en Dallas que muestran que los corredores tienden a vivir unos tres años más que los no corredores. Cada hora de funcionamiento no añade un estimado de siete horas a su esperanza de vida. En muchos estudios, corriendo sólo cinco minutos al día ayuda con una vida útil más larga. Además, se siente mejor después.

- Mejora la composición de su cuerpo. La mayoría de las personas aumentan la grasa a medida que envejecen; que es parte de la vida. Sin embargo, el levantamiento de pesas y comer una buena dieta tiene el efecto contrario: Ellos ayudan a construir músculo y perder grasa, incluso si usted es mayor de 60 años.

- Mejorar su salud cerebral. Los estudios han demostrado que el ejercicio aeróbico protege su memoria y ayuda a rasuró el deterioro cognitivo a medida que envejece.

- Mejora su microbioma. El ejercicio puede aumentar drásticamente la composición de los billones de microbios que viven en el intestino, que puede ser una de las razones que fortalece el sistema inmunológico, combate la inflamación y ayuda a controlar el peso.

"Yo no siempre hacer abdominales, pero cuando lo hago, inmediatamente comprobar en el espejo para ver si mi paquete de seis ha llegado todavía."

FIJAR METAS

Comenzando su viaje de ejercicio puede dar miedo. Hasta un 65% de las personas que inician un programa de ejercicios dejar en 3-6 meses. Lo que es aún más aterrador es que menos del 5% de los adultos obtener la cantidad correcta de ejercicio regular que se recomienda. Una buena cantidad de apuntar a es de 150 minutos a la semana de ejercicio moderado-intenso, y 75 minutos de ejercicio vigoroso. Lo detiene un montón de gente de lograr esto es que no tienen una estrategia. Es necesario asegurarse de que no escalar una montaña demasiado alta cuando no estás listo, ya que, si se esfuerza demasiado rápido, nunca volver a subir a esquiar. Mi padre hizo eso una vez y fue a esquiar desde la parte superior sin tener que aprender los conceptos básicos. Le llevó horas para llegar abajo, y se lesionó la rodilla. Con elaboración, es necesario mantener un ritmo para construir usted mismo. Aquí hay algunas cosas importantes que se centran en:

- Se específico. Establecer metas que tienen un cierto número de días a la semana y una cantidad fija de ejercicios y el tiempo. Tres días a la semana es bueno para empezar.

- Metas a corto plazo El establecimiento de objetivos realistas es la clave. Si se presiona demasiado duro demasiado rápido, se bloqueará, dolor de conseguir, y no volver al gimnasio de esa semana. logros menores son buenas, ya que construir su nivel de confianza y la fe.

- Objetivos de proceso vs. Objetivos de resultado sobre su estado físico y el ejercicio recorrido, disfrute del proceso, no los resultados. Es necesario para casarse el procedimiento (entrenamientos) no los resultados de los entrenamientos producen derecha lejos. Cosas tales como el tiempo en caminadora o cantidad de peso o repeticiones que haces son clave para el seguimiento de su objetivo.

- Ser real con los objetivos Si sólo se puede hacer 10 minutos en la caminadora y esperamos estar a los 60 minutos para el final del mes, su objetivo puede ser demasiado grande. Mantenga el ritmo para que no se queme. Flexiones y abdominales en la mañana son una gran manera de empezar a trabajar con la fuerza natural. Algunos de mis mejores momentos de estar en forma han estado con ejercicios básicos y consistencia.

- Ser realista. Si usted acaba de comenzar trabaja y sólo se puede hacer una serie de 10 flexiones de brazos, no se fija una meta de hacer un conjunto de 50 flexiones dentro de un mes. Se centran en conseguir a un conjunto de 20 flexiones en su primer mes, y luego su forma de trabajo hasta 30, 40 y luego 50 flexiones de brazos con el paso del tiempo.

El establecimiento de objetivos disminuirá la probabilidad de deserción enormemente ya que tiene un enfoque y objetivos a alcanzar. No se puede construir una casa sin un plano así que no trate de construir su cuerpo y rutina de ejercicios sin uno. Poniendo sus entrenamientos en su calendario es útil también. Recuerde que es parte de sus siete rocas. Cuando la gente dice que están ocupados, es sólo una falta de organizador. Limpiar el desorden en su vida. Que siempre se siente mejor después de hacer ejercicio. Levantarse más temprano o ir a la cama más tarde, se hizo el sueño se pierde con la energía que obtiene de hacer ejercicio. Si usted tiene tiempo para sacar la basura cada semana, entonces usted tiene tiempo para hacer ejercicio.

Vitaminas y minerales

Estos dos son como fertilizante para su cuerpo y mente. Se da esa energía extra que necesita y hace saludable y operar a plena capacidad. Las vitaminas y los minerales son nutrientes esenciales, ya que juegan cientos de funciones en nuestro cuerpo. Como con cualquier cosa, se puede tomar en demasiado poco o demasiado de estos nutrientes. Tener una dieta saludable es siempre la mejor manera de conseguir un número suficiente de vitaminas y minerales que necesita en la vida.

Cada día su cuerpo crea y produce una nueva piel, músculo, y el hueso. Nuestros glóbulos rojos transportan nutrientes y oxígeno a través de nuestro cuerpo. También envía señales a nuestros órganos con instrucciones para ayudar a sostener la vida. Para ello, su cuerpo necesita materias primas para que esto suceda, que incluye cerca de 30 vitaminas, minerales y componentes de la dieta que su cuerpo necesita. Las vitaminas y los minerales ayudan a nuestro cuerpo a sanar y también hace que nuestro sistema inmunológico más fuerte. También convierten los alimentos en energía y las materias primas necesarias para reparar el daño celular. Realizan muchas funciones que son vitales para el espectáculo de su cuerpo se pone.

Tomar vitaminas y minerales es como fertilizar su césped. Si no se toman correctamente el cuidado de su césped, se vuelven marrones. Si usted no recibe todas las vitaminas y minerales que su cuerpo necesita, se convertirá en viejo y gastado, y ves como ella, también. Si usted come una dieta saludable, puede obtener la totalidad de su vitaminas y minerales a partir de lo que come, pero la mayoría de la gente no.

Una dieta adecuada y la comida son como poner el aceite adecuado en su coche. Si no lo hace, nunca se va a operar a plena capacidad. Comer los alimentos adecuados en el momento adecuado de acuerdo con su tipo de cuerpo.

"¡Eh, tú! Mi cuerpo me dice que me falta
vitamina U."

Micronutrientes

Las vitaminas y minerales a menudo se llaman micronutrientes porque su cuerpo solo necesita una pequeña cantidad de ellos. El no poder conseguir incluso esas pequeñas dosis, SIN EMBARGO, más o menos garantías enfermedad. Aquí hay algunos ejemplos de enfermedades que son consecuencia de las deficiencias de vitaminas:

- El escorbuto. marineros de antaño descubrieron que vivir durante meses sin frutas o verduras frescas: las principales fuentes de vitamina C-causas encías y la falta de energía de sangrado.

- Ceguera. En algunos países en desarrollo, la gente todavía se queda ciegas por una deficiencia de vitamina A.

- El raquitismo. Una deficiencia de vitamina D puede causar raquitismo, una enfermedad que se caracteriza por huesos blandos y débiles que potencialmente conducir a deformidades esqueléticas como las piernas arqueadas. En parte para combatir el raquitismo, los EE.UU. tiene la leche cado fortalecidos con vitamina D desde la década de 1930.

Al igual que la falta de micronutrientes clave puede causar un daño sustancial a su cuerpo, obtener cantidades suficientes puede proporcionar un beneficio sustancial. Algunos ejemplos de estos beneficios:

- Huesos fuertes. Una combinación de calcio, vitamina D, vitamina K, magnesio, y fósforo protege sus huesos contra fracturas.

- Previene defectos de nacimiento. La ingesta de suplementos de ácido fólico al comienzo del embarazo ayuda a prevenir defectos congénitos del cerebro y la columna vertebral en la descendencia.

- Dientes sanos. El fluoruro mineral no sólo ayuda a la formación de hueso, pero también mantiene las caries dentales de partida o empeoramiento.

La diferencia entre las vitaminas y minerales

A pesar de que todos ellos son considerados micronutrientes, vitaminas y minerales difieren en aspectos básicos. Las vitaminas son orgánicas y pueden dividirse por el calor, el aire, o ácido. Los minerales son inorgánicos y se aferran a su estructura química.

Entonces, ¿por qué es importante? Esto significa que los minerales en el suelo y el agua encontrar fácilmente su camino en su cuerpo a través de las plantas, peces, animales y líquidos que consumen por. Pero es más difícil de vitaminas de transporte de alimentos y otras fuentes en su cuerpo ya que la cocción, el almacenamiento y la simple exposición al aire pueden desactivar estos compuestos más frágiles.

UNA mirada más cercana a vitaminas solubles en agua

Las vitaminas hidrosolubles se empaquetan en las porciones acuosas de los alimentos que consume. Ellos son absorbidos directamente en el torrente sanguíneo como los alimentos se descomponen durante la digestión o como suplementos disuelven.

Debido a que gran parte de su cuerpo se compone de agua, muchas de las vitaminas solubles en agua circulen fácilmente en su cuerpo. Los riñones regulan continuamente los niveles de vitaminas solubles en agua, derivando excesos fuera del cuerpo en la orina.

Aunque las vitaminas solubles en agua tienen muchas tareas en el cuerpo, una de las más importantes es ayudar a liberar la energía que se encuentra en los alimentos que consume. Otros ayudan a mantener los tejidos sanos. Estos son algunos ejemplos de cómo las diferentes vitaminas ayudarán a mantener la salud:

- Liberar energía. Varias vitaminas B son componentes clave de ciertas coenzimas (en moléculas que las enzimas de ayuda) que la energía de liberación ayuda de los alimentos.

- Produce energía. Tiamina, riboflavina, niacina, ácido pantoténico, y la biotina se dedican a la producción de energía.

- Construir proteínas y células. Las vitaminas B6, B12, y los aminoácidos a metabolizar el ácido fólico (los bloques de construcción de las proteínas) y células de ayuda se multiplican.

- Asegúrese de colágeno. Uno de los muchos papeles desempeñados por la vitamina C es para ayudar a hacer el colágeno, que teje heridas, soporta paredes de los vasos sanguíneos, y forma una base para los dientes y huesos.

Lo que hacen

Junto cuarteto de esta vitamina ayuda a mantener los ojos, piel, pulmones, tracto gastrointestinal y sistema nervioso en buen estado. Estas son algunas de las otras funciones esenciales estas vitaminas juegan:

- fortalecer los huesos. La formación de hueso sería imposible sin las vitaminas A, D, y K.

- Proteger la visión. La vitamina A también ayuda a mantener las células sanas y protege su visión.

- Interactuar favorablemente. Sin la

vitamina E, su cuerpo tendría dificultades para absorber y almacenar la vitamina A.

• Proteger el cuerpo. La vitamina E también actúa como un antioxidante (un compuesto que ayuda a fin de protegerlo contra el cuerpo contra el daño de las moléculas inestables).

Debido a que las vitaminas solubles en grasa se almacenan en su cuerpo durante largos períodos de tiempo, los niveles tóxicos pueden acumularse. Esto es más probable que ocurra si usted toma suplementos. Es muy raro conseguir demasiado de una vitamina sólo de alimentos.

Lo que hacen

Los minerales trazan llevar a cabo un conjunto diverso de tareas. Aquí están algunos ejemplos:

• El hierro es el más conocido para transportar el oxígeno por todo el cuerpo.

• El flúor fortalece los huesos y ahuyenta a la caries dental.

• El zinc ayuda a coagular la sangre, es esencial para el gusto y el olfato, y refuerza la respuesta inmune.

• El cobre ayuda a formar varias enzimas, uno de los cuales asiste con el metabolismo del hierro y la creación de hemoglobina, que transporta oxígeno en la sangre.

Los otros minerales trazan realizan trabajos igualmente vitales, tales como ayudar a bloquear el daño a las células del cuerpo y la formación de partes de enzimas clave o la mejora su actividad.

Una mirada más cercana a los antioxidantes

Antioxidantes un término general para cualquier compuesto que puede contrarrestar moléculas inestables, tales como radicales libres que dañan el ADN, membranas celulares, y otras partes de las células.

Las células del cuerpo producen de forma natural un montón de antioxidantes para poner en patrulla. Los alimentos que consume y, tal vez, algunos de los suplementos que realicen, tienen otra fuente de compuestos antioxidantes. Los carotenoides (tales como licopeno en los tomates y la luteína en la col rizada) y flavonoides (tales como antocianinas en los arándanos, la quercetina en las manzanas y cebollas, y catequinas en el té verde) son antioxidantes.

Los radicales libres pueden ser perjudiciales

Los radicales libres son un subproducto natural de

metabolismo - energía y también son generados por los rayos ultravioleta, el humo del tabaco y la contaminación del aire. Carecen de un complemento completo de electrones, lo que los hace inestables, por lo que roban electrones de otras moléculas, dañando esas moléculas en el proceso.

Los radicales libres tienen una bien merecida reputación de causar daño celular, pero pueden ser útiles, también. Cuando las células del sistema inmune reunir para luchar contra intrusos, el oxígeno que utilizan escinde un ejército de los radicales libres que destruye los virus, bacterias y células del cuerpo dañado en un estallido oxidativo. La vitamina C se puede desarmar a los radicales libres.

¿Cómo los antioxidantes pueden ayudar

Los antioxidantes son capaces de neutralizar cosas que pueden quitarle a su cuerpo, como los radicales libres, al renunciar a algunos de sus propios electrones. Cuando una molécula de la vitamina C o E hace que este sacrificio, se puede permitir que una proteína, gen, o la membrana celular crucial para escapar de los daños. Esto ayuda a romper una reacción en cadena que puede afectar a muchas otras células.

"¿Por qué ir a un concierto de rock llamada no ir a un concierto mineral?"

Dormido

Su ingesta nutricional es clave en sus patrones de sueño. Si pones los minerales y vitaminas adecuadas en su cuerpo, que le ayudará a obtener un mejor descanso y aumentar su energía. Además, los hábitos de sueño saludables mejorarán su calidad de vida. También se conoce como la higiene del sueño. Estos son algunos pasos clave que ayudan a mantener un buen patrón de sueño:

1. Tienen patrones de sueño consistentes. A veces dormir demasiado va a deshacerse de su patrón de sueño.

2. Práctica una rutina para dormir relajante. La meditación o la lectura es útil. Tener una televisión en su dormitorio va a arruinar su sueño. Además, al estar en su teléfono antes de ir a dormir duele su descanso. Relajar la mente o incluso tener una agradable conversación con su pareja acerca de la vida.

3. Si no puede dormir por la noche siesta evitar durante el día. Ahora, me encanta la siesta; es mi tiempo para descansar mi cerebro y es una forma de meditación para mí. Pero el exceso de sueño durante el día puede hacerle daño a su patrón de sueño.

4. Ducha estar limpio antes de ir a la cama. Usted se sentirá fresco, además de oler mejor junto a su pareja.

5. El ejercicio le ayudará a dormir mejor. ejercicios vigorosos son grandes, y se van a la cama por la noche sensación logrado.

6. Hacer que su habitación limpia y libre de desorden. Usted respirará mejor y también se sienten a gusto allí. Menos es mejor. Ponga la ropa de distancia. Asimismo, ajuste el termostato en su habitación a una temperatura fresca 60 a 67 grados.

7. Dormir en un colchón y una almohada cómoda y asegurarse de que no están más allá de su esperanza de vida.

8. Evitar el alcohol o las comidas pesadas antes de ir a la cama. Además, evite las noticias y las luces brillantes. Estos factores afectan su patrón de sueño.

"Si interrumpe mi sueño, tener cuidado porque Puede que muerda ".

Ácidos grasos

Las grasas son moléculas complejas compuestas de

ácidos grasos y glicerol. Su cuerpo necesita grasas para el crecimiento y la energía. También los usa para sintetizar hormonas y otras sustancias necesarias para las actividades de su organismo

Las grasas son la fuente más lenta de energía, pero la forma más eficiente de la energía de los alimentos. Cada gramo de grasa proporciona aproximadamente9 calorías, más de dos veces la proporcionada por las proteínas o hidratos de carbono. Debido a que las grasas son una forma tan eficiente de la energía, el cuerpo almacena el exceso de energía en forma de grasa. Los depósitos del cuerpo el exceso de grasa en el abdomen (grasa visceral) y debajo de la piel (grasa subcutánea) para utilizar cuando se necesita más energía. El cuerpo también puede depositar el exceso de grasa en los vasos sanguíneos y dentro de los órganos donde puede bloquear el flujo de sangre y causan daño a órganos, causando a menudo trastornos graves.

- La grasa debe limitarse a menos de aproximadamente el 28% de las calorías totales diarias (o menos de 90 gramos por día)

- Las grasas saturadas deben limitarse a menos del 8%

Se recomienda la eliminación de las grasas trans. Cuando sea posible, las grasas monoinsaturadas y poliinsaturadas, particularmente grasas omega-3, deben ser sustituidas por grasas saturadas y grasas trans.

Estos son los tres tipos de grasa:

- Las grasas monoinsaturadas

- poliinsaturadas

- Saturado

Las grasas saturadas son más propensospara aumentar los niveles de colesterol y aumentar el riesgo de la aterosclerosis, que es la acumulación de grasas, colesterol y otras sustancias en y sobre las paredes arteriales. Alimentos derivados de animales grasas contienen generalmente saturadas, que tienden a ser sólidos a temperatura ambiente. Es por eso que cuando se cocina carne verá la grasa sobrante se endurecen al enfriarse. Las grasas derivadas de plantas comúnmente contienen monoinsaturados o ácidos grasos poliinsaturados, que tienden a ser líquidos a temperatura ambiente. De palma y aceite de coco son excepciones, ya que contienen más grasas saturadas que otros aceites vegetales.

Grasas trans son una categoría diferente de la grasa. Ellos son el hombre, formado mediante la adición de átomos de hidrógeno (hidrogenación) para monoinsaturado o polyun- ácidos grasos saturados. Las grasas pueden ser hidrogenado parcial o totalmente (o saturado con átomos de hidrógeno). En los Estados Unidos, la principal fuente dietética de las grasas trans se aceites vegetales parcialmente hidrogenados, presentes en muchos alimentos preparados comercialmente. Esta es una de las razones que tenemos más de un problema de la obesidad en los Estados Unidos en comparación con otras partes del mundo. El consumo de grasas trans pueden afectar negativamente los niveles de colesterol en el cuerpo y pueden contribuir al riesgo de la aterosclerosis.

Necesitas pensar en su cuerpo como de tuberías, y si se pone la sustancia contraria por esos tubos, se tapan. Las personas con niveles altos de colesterol pueden tener que reducir su ingesta total de grasas aún más.

"Estoy no gordo; Me encanta que mis músculos tanto que quiero protegerlos con grasa."

ÁCIDOS GRASOS

¿Dónde está la grasa?

Tipo de grasa	Fuentes
monoinsaturados cacahuete	Aguacate, de oliva, y aceites de
	Mantequilla de maní
Poliinsaturado	Canola, maíz, soja, girasol, y muchos otros aceites vegetales líquidos
Saturado vaca	Carnes, especialmente carne de

	productos lácteos ricos en grasa, tales como la leche entera, mantequilla y queso
	aceites de coco y de palma
	aceites vegetales hidrogenados artificialmente
ácidos grasos omega-3	Semilla de lino
	trucha de lago y ciertos peces de aguas profundas, como la caballa, el salmón, el arenque y el atún
	vegetales de hoja verde
	Nueces
ácidos grasos omega-6 girasol,	Los aceites vegetales (incluyendo
	cártamo, maíz, aceites de semilla de algodón, y soja)
	Los
	aceites
	de
	pescad
	o
	yemas
	de
	huevo
Grasas	trans-alimentos horneados comercialmente, tales como galletas, galletas saladas, y rosquillas
	Algunas papas fritas y otros alimentos fritos
	Margarina
	chips de
	patata
	acortamien
	to

Músculo

Todo el mundo va en un viaje diferente, con la pérdida de peso. Hay muchos resultados que puede ver ya sea la composición corporal, los niveles de fuerza o energía. A veces se ve su peso sube y eso es porque el músculo es más denso que la grasa. Además, nuestro cuerpo es de un 60% de agua lo que dependiendo de lo mucho que tenemos que puede jugar un factor. Durante este tiempo, usted debe centrarse en su entrenamiento, dieta, cómo se siente y buscar sin tener que preocuparse acerca de los resultados. Concentrarse en el trabajo, no sólo el resultado, y usted se sentirá mejor a través de su viaje de fitness de ganar músculo.

Musculo se compone de fibras largas de tejido apretado juntos. La grasa, sin embargo, se compone de diferentes gotas de tamaño y algunos son más completa que otros. Ellos se conectarán entre sí, pero dejará un espacio vacío entre ellas. A medida que reduce su cintura, es posible que no vea un cambio enorme en la escala debido a que su cuerpo se está quemando la grasa, pero la construcción de músculos más densos (y más pesados). Estos porcentajes son ideales para relaciones músculo-grasa a partir de la Consejo Americano de Ejercicio:

	Mujer	Hombres
Grasa esencial	10-13%	2-5%
Atletas	14-20%	6-13%
personas en Buena forma	21-24%	14-17%
Aceptable	25-31%	18-24%

| Obeso | > 32% | > 25% |

Los dos tipos de grasas son la grasa subcutánea y la grasa visceral. La grasa subcutánea es la grasa externa, tal como la grasa del vientre. Grasas viscerales por lo general alrededor de los órganos. La investigación actual muestra que su masa grasa es como una bolsa vacía de agua, pero en realidad es el tejido metabólicamente activo que actúa como un órgano dentro de su cuerpo.

El exceso de grasa visceral puede conducira la enfermedad cardiovascular y diabetes tipo 2. Trabajar para reducir su masa grasa puede reducir los efectos nocivos esta grasa tiene en su cuerpo. Nuestros cuerpos son máquinas increíbles, pero la grasa no se convierte en músculo. Una pérdida de masa culos Mus- se produce al mismo tiempo que aumenta la masa grasa.

Necesitas para medir el peso del cuerpo adecuadamente para entender lo que su cuerpo está hecho. Hacer esto puede mostrar la cantidad de su peso corporal es músculo, grasa y agua. Sólo confiar en lo que dice la escala no explica por qué su peso está aumentando o disminuyendo. Tómese el tiempo para medir y examinar su peso de forma adecuada.

"No hay tiempos para los juegos, sólo se gana."

Proteínas y carbohidratos

Creciente en un hogar italiano, comimos una

gran cantidad de hidratos de carbono. Si no se resuelve, sin embargo, usted podría estar en problemas. Recuerdo haber crecido ir a casa de mi amigo, y su madre siempre iba a cocinar la pasta. Insistió en que si no comía, no se me permitió volver, incluso si acabo de comer una cena en mi casa. He aprendido mucho acerca de los carbohidratos (y cannoli) a una edad temprana.

Timing, porción, y el tipo de hidratos de carbono son la clave para no permitir que se convierta en grasa. Sea o no los carbohidratos son malos para usted depende en su estilo de vida. Si va a estar inactiva durante las próximas horas después de comer, a continuación, los carbohidratos no son buenas. Se sientan allí y se convierten en grasa ya que no están siendo utilizados para el movimiento.

Los hidratos de carbono, proteínas, y grasas suministran el 90% del peso seco de la dieta y el 100% de su energía. Los tres proporcionan la energía (medida en calorías), pero la cantidad de energía en 1 gramo (1/28 oz) difiere:

- 4 calorías en un gramo de carbohidratos o proteínas

- 9 calorías en un gramo de grasa

Estos nutrientes también difieren en la rapidez con que suministran energía. Los hidratos de carbono son los más rápidos, y las grasas son los más lentos.

Los hidratos de carbono, proteínas y grasas son digeridos en el intestino en el que se descomponen en sus unidades básicas:

• Los hidratos de carbono en azúcares

• Las proteínas en aminoácidos

• grasas en ácidos grasos y glicerol

El cuerpo usa estas unidades básicas para construir las sustancias que necesita para crecer, mantenerse y realizar actividades (incluyendo otros hidratos de carbono, proteínas y grasas).

Los hidratos de carbono

Dependiendo del tamaño de la molécula, los hidratos de carbono pueden ser simples o complejas.

• **Los carbohidratos simples**: Varias formas de azúcar, tales como glucosa y sacarosa (azúcar de mesa), son hidratos de carbono simples. Son moléculas pequeñas, por lo que se pueden desglosar y absorbidos por el cuerpo rápidamente y son la fuente más rápida de la energía. Que rápidamente aumentan el nivel de glucosa en sangre (azúcar en la sangre). Frutas, productos lácteos, miel y jarabe de arce contienen grandes cantidades de hidratos de carbono simples, que proporcionan el sabor dulce en la mayoría de los dulces y pasteles.

- **Los carbohidratos complejos**: Estos carbohidratos se componen de largas cadenas de hidratos de carbono simples. Debido a que los carbohidratos complejos son moléculas más grandes que los carbohidratos simples, deben ser divididas en hidratos de carbono simples antes de que puedan ser absorbidos. Por lo tanto, tienden a proporcionar energía al cuerpo más lentamente que los hidratos de los carbohidratos simples, pero aún más rápidamente que la proteína o grasa. Debido a que se digieren más lentamente que los carbohidratos simples, que son menos propensos a ser convertido a la grasa. También aumentan los niveles de azúcar en la sangre más lentamente y con más bajas que los hidratos de carbono simples, pero para un tiempo más largo. Los carbohidratos complejos incluyen almidones y fibras, tales como productos de trigo, pan, pasta, judías, maíz o patatas.

"He estado a dieta durante dos semanas, y todo lo que he perdido son 14 días".

---

proteínas

El cuerpo necesita proteínas para mantener y reemplazar Su es TIS y para funcionar y crecer. La proteína no se utiliza generalmente para la energía. Sin embargo, si el cuerpo es deficiente y no obtener suficientes calorías de otros nutrientes o de la grasa almacenada en el cuerpo, la proteína se utiliza para obtener energía. Si se consume más proteína que la necesaria, el cuerpo descompone la proteína hacia abajo y almacena sus componentes en forma de grasa.

El cuerpo contiene grandes cantidades de proteína. La proteína es el bloque principal en el cuerpo y es el componente principal de la mayoría de las células. Por ejemplo, músculo, tejido conectivo, y la piel se construyen de proteína.

Los adultos tienen que comer alrededor de 60 gramos de proteína por día (0,8 gramos por kilogramo de peso o 10a 15% de las calorías totales). Los adultos que están tratando de construir el músculo necesitan un poco más. Los niños también necesitan más porque están creciendo. Las personas que limitan las calorías para bajar de peso por lo general necesitan una mayor cantidad de proteínas para evitar la pérdida de músculo, mientras que están perdiendo peso.

"Tengo 99 problemas y las proteínas no son uno."

Dopamina y Serotonina

Estos dos neurotransmisores juegan un papel muy

importante en nuestra vida diaria. Vamos a empezar con la dopamina, que desempeña un papel importante en la motivación y la recompensa en la vida. Cuando usted ha trabajado duro para alcanzar una meta y lo golpeó, la sensación y la satisfacción que se obtiene son increíbles. Que te hace sentir a causa de una descarga de dopamina. Esto puede ser bueno o malo dependiendo de lo que le da esa descarga. Participar en las redes sociales le puede dar una sensación de logro a través de la dopamina. Se siente bien, pero no siempre es productiva y luego te deja vacío cuando en realidad nunca logra nada de ella, además de un pulgar hacia arriba en la imagen. Algunas áreas principales y síntomas de depresión incluir:

- Baja motivación

- Sentirse desamparado

- Una pérdida de interés en cosas que antes le interese

Muchos expertos creen que estas áreas de la vida están vinculados a un vacío en el sistema de la dopamina. También puede ser provocada por el estrés a largo plazo, dolor o trauma. He encontrado que esto puede ser cierto, pero tener la base correcta en la vida y las áreas que se está trabajando en puede cambiar su sistema de la dopamina en el tiempo. Lo he visto en mi vida cuando tuve problemas con las redes sociales, adicciones de aprobación, o la ansiedad por las cosas que yo no estaba en control de.

Me redirigí mi enfoque para permitir la dopamina suceda a altas tasas con sencillo cosas tales como la apreciación de la comida. Yo estaba comiendo, tiempo en familia o simplemente estar con la naturaleza.

Eso Realmente todo se reduce a un foco de lo que se presta atención a que empieza a ser dueño de su vida. Es como ADD, que muchas personas pueden decir que tienen. Incluso recetan medicamentos para reducir sus efectos. Yo he visto en mi vida y otros alrededor de mí, y se puede combatir AÑADIR mediante la búsqueda de algo que hacer que realmente le gusta. Esto no es siempre el caso, pero muchas veces nos perdemos el enfoque o la pasión de las cosas que no nos inspiran o capturar nuestra atención. Muchas veces, la falta de capacidad de concentrarse simplemente puede ser debido a que el tema o persona es aburrido del individuo que les hace perder el interés.

"La dopamina paraliza su cuerpo cuando
se dormir para que no se actúa a cabo sus sueños ".

Serotonina se ha estudiado durante años, especialmente el vínculo entre la serotonina y la depresión. Antes se pensaba que la depresión fue causada por los bajos niveles de serotonina, aunque esto ha resultado no ser el caso. Lo principal que hace la serotonina es procesar sus emociones, lo cual puede afectar su estado de ánimo general. A veces la peor enfermedad es la que se crea en la mente y el cuerpo. Nos autoinfligimos a nosotros mismos con el veneno con nuestras emociones y sentimientos.

"Eso Todo comienza en tu mente. Lo que das poder a tiene poder sobre ti ".

Prescripción vs. Prevención

Estamos en una sociedad que se siente que necesitan medicina para curar o corregir todo lo negativo. Sí, hay momentos en los que la medicina salva vidas, pero no creen que las drogas son la solución a todo lo negativo en nuestras vidas. Por ejemplo, conmigo y con otros que han luchado contra la depresión o la ansiedad, que a menudo se recetan pastillas para curar nuestros "problemas". Para "curar" a mí mismo, sólo se centró en las siete rocas de la vida para llegar a mí mismo fuera de él, y yo también tuvo un gran apoyo de una familia increíble y amigos.

Si no se puede construir una casa por sí mismo, no trate de construir una vida por sí mismo. Necesita ayuda, pero esa ayuda no siempre es una droga. Hace unos meses, me estaba muy enfermo en un viaje de esquí, por lo que empecé a tomar más vitaminas y vitamina C. Cuatro días más tarde, mi cuerpo estaba bien y naturalmente enfrentó a estar enfermo. Una vez más, esto no siempre sucede, pero he entrenado a mi cuerpo y el sistema inmune a ser fuerte y no depender solamente de los medicamentos recetados. Ellos pueden hacer que su cuerpo más débil. También he visto cómo algunas dietas pueden realmente revertir el proceso de la enfermedad. Puede hacer la investigación sobre eso.

Tu cuerpo es como la hierba. La tierra está en el interior de ustedes, que es clave para su cultivo. El agua es la comida y bebidas que se consumen. El fertilizante es los nutrientes y minerales que nuestro cuerpo necesita para crecer de cuadamente y sobrevivir. Si sólo semillas de la hierba de la planta y no proporcionan los nutrientes, la hierba crecerá, pero no sea fuerte. También podemos perder fuerza y energía. Por eso, si le falta energía es debido a la "fertilizante" que pone en su cuerpo. Si pones demasiadas cosas en que la hierba, en realidad se puede quemarlo, y que empieza a verse enfermo. Cada persona es diferente, ya los medicamentos que pueden salvar vidas, pero mira su primera opción.

Comida y bebida

Al crecer, mi padre le gustaba llevar comida a casa que era increíble y mostró su corazón en quién era. El reto es que la comida no era saludable. Recientemente, yo estaba en casa de mis padres, y yo estaba hambriento. Por lo tanto, mi mamá fue en la nevera y sacó rollos de pollo rellenos con queso y la pizza. La miré, y ella sabía lo que venía. Siendo que ambos tenían la preocupación sanitaria en los últimos años, me molesto porque me preocupo por ellos.

Le dije a mi madre: "¿Le traen cigarrillos hogar para la familia tener?" Ella dijo: "Por supuesto, no!", Dije, "Papá llevar comida a casa como esta que está matando lentamente. Yo sé que le importa, pero tiene que parar." Ella entendió el mensaje.

Lo que ponemos en nuestro cuerpo es importante, y por eso tenemos que entender qué tipo de combustible que necesitamos para funcionar a nuestro potencial. Hacer una investigación para entender lo conservantes y otras toxinas son en gran parte de nuestros alimentos.

Una lata de refresco puede tener hasta 40 gramos de azúcar en ella; eso es como consumir 10 terrones de azúcar en una bebida. Esto se convierte en arterias obstruidas y grasa y aumenta nuestra probabilidad de desarrollar diabetes tipo 2. Los altos niveles de azúcar en colocar una gran cantidad de estrés en el páncreas, lo que podría dejar que es incapaz de mantenerse al día con la necesidad del cuerpo de la insulina. Beber uno o dos azucaradas bebidas por día aumenta el riesgo de diabetes tipo 2 en un 25%.

Las redes sociales utilizan algoritmos para determinar qué contenido que nos gusta ver lo que nos puede mostrar más de lo mismo. Con el comer y beber, se utiliza inconscientemente un algoritmo que hace que se compra más de lo que es agradable, incluso si es malo para usted. Es necesario actualizar el algoritmo de su dieta si usted está comiendo mal y tomar conciencia de lo que el consumo se está ayudando o perjudicando en su roca salud.

"Lo siento por lo que dije cuando estaba hambriento."

Meditación

La meditación es algo recientemente he comenzado a hacer, y estoy sorprendido de lo relajante y liberador que es. A veces, nuestras mentes están compitiendo tanto que nunca tomamos el tiempo para escuchar lo que nos rodea. He aprendido que una:

"La persona iluminada viaja sin moverse porque la tierra se mueve a tu alrededor, no tú te mueves alrededor de la tierra".

Nosotros somos siempre en el camino, y al igual que un coche, si se pulsa el gas demasiado duro y por mucho tiempo, se le diera el motor. Aprender a sentarse y escuchar lo que está a su alrededor. La meditación es un método para entrenar a nuestra mente, al igual que la aptitud es una manera de entrenar nuestro cuerpo. Sus divertida la casa Vivo en cuenta una estatua de Buda que estaba allí cuando me mudé, y no voy a moverlo por dos razones: 1) Se le ve tan fresco, y me encanta la sabiduría budista / cultura y 2) Me temo que va a pasar Juman ji en mi patio trasero si lo muevo. ¡Vi lo que pasó con De Roca y Kevin Hart en esa película! Por lo tanto, se queda allí, y lo veo todos los días.

Nuestras mentes son a veces tan lleno y desordenado que nunca vaciar las cosas que realmente no necesitamos. Podría ser preocupante sobre nuestro trabajo, relaciones, problemas en casa, o las finanzas. Nos entrenamos en el trabajo o el gimnasio, pero nunca entrenamos lo más importante que tenemos, y esa es nuestra mente.

Nuestra mente es, con mucho, el mejor equipo del mundo, ya que ha creado el equipo en el primer lugar. Mucha gente se pregunta por dónde empezar con la meditación. Lo más importante es concentrarse en su respiración. Los estudios han demostrado que tomar sólo diez respiraciones profundas que son controlados y relajado en un lugar tranquilo puede cambiar todo su estado de ánimo. Pruébalo ahora. Cierra los ojos y sólo se centran en su respiración. Esto se conoce como la meditación de concentración, y lo que ahora se dan cuenta es que he usado para hacer esto antes de los partidos, mientras que en el béisbol. Me gustaría correr, estirar y tenía una rutina antes de que el juego comenzó a hacer la meditación de concentración en una pequeña piedrita en el suelo. Me concentré en que durante un par de minutos para entrenar la mente y los ojos. Esto ayudó a que me centre en ver el béisbol y golpear entre otras áreas.

Otras formas en que puede hacer este ejercicio es mirando fijamente en una llama de una vela, también llamado Mirando el fuego. También puede cerrar los ojos y escuchar a la naturaleza, como las olas en una playa. Se le pone en un gran estado de ánimo. Va a reorientar sus pensamientos sobre un objeto elegido en lugar de tener su mente vagar por todas partes al azar. A través de este ejercicio, su concentración va a mejorar, y la paz en la vida comenzará a evolucionar porque está entrenando a su mente para hacerlo.

Como me escribir este libro, tengo que estar en un cierto entorno que me permite enfocar. Tengo mi teléfono apagado porque el mundo exterior afecta mis pensamientos internos, y no se conviertan en pura en lo que realmente siento o quiero. Es por eso por lo que muchos creadores o escritores entrarán en el aislamiento para crear música o ir en el bosque para crear contenido que permite que el universo para hablar con ellos. Los estudios han demostrado que, con estos planteamientos, la respuesta de relajación ha demostrado beneficios a corto plazo y largo plazo en nuestro sistema nervioso, tales como:

- Presión sanguínea Baja
- mejor sangre fluir
- frecuencia cardiaca a más abajo
- menos de la transpiración
- menos ansiedad
- Menos estrés

- relajación más profunda

El objetivo principal en la mediación es que no hay una meta, solo estar presente. El resultado final de la mediación es la liberación de la mente unida a cosas que no podemos controlar. Estas cosas pueden ser circunstancias externas y fuertes sentimientos internos, como los temas de los que hablamos a lo largo de este libro. La persona liberada o "iluminada" que practica este ejercicio crea una mente tranquila y un sentido de armonía interior que finalmente crea una verdadera paz interior.

Los cambios de aceite e Inspecciones

Nosotros rutinariamente tomar nuestros coches al mecánico para cambiar el aceite y para ver si hay algo mal. ¡Si no lo hace, se encuentra con problemas más adelante que el costo más! Lo mismo es cierto con su cuerpo. Usted necesita asegurarse de que está poniendo en el "aceite" adecuado para su "motor" para funcionar correctamente. Es posible que desee ir a una limpieza para limpiar su sistema fuera. Incluso la donación de sangre puede ser bueno debido a que su cuerpo se regenera células nuevas y más fuertes, además de que también dar la espalda y salvar vidas.

"Tener un coche es fresco hasta que usted
tiene que conseguir un cambio de aceite o
una inspección o registro o neumáticos
nuevos o pagar por el gas."

Nosotros obtener las inspecciones para nuestros vehículos, y que necesita para obtener un examen de su médico para ver cómo su cuerpo está haciendo. Su recomendada para conseguir uno cada par de años. Una gran cantidad de personas que dicen que no quieren saber lo que está mal con ellos, pero eso es como decir que no quiere saber lo que está mal con su coche a pesar de que se puede decir algo necesita ser arreglado. Por lo tanto, se espera, y entonces el daño cuesta mucho más que arreglar. ¿Por qué tener un coche duran sólo cinco años, cuando que podría durar el doble de tiempo? Cuidar de su cuerpo y hacer los cambios de aceite y las inspecciones sobre el mismo. Si usted invierte ahora, no se quedará en tantos problemas más adelante, además de que se ahorrará dinero y recuperar años de su vida. Se puede decir cómo alguien conduce basa en la rapidez con que pasan por sus pastillas de freno. Lo más probable, si usted va a través de ellos rápidamente, tiene un pie pesado y deja muy corto en vez de rodar en sus paradas. Cuando un médico comprueba su presión arterial u otras áreas de su cuerpo, él puede decir cómo se está conduciendo su cuerpo a través de la vida. Puede verse bien en el exterior, pero el interior es donde cuenta.

"Tomar cuidado de su cuerpo; que es el único lugar en el que tiene que vivir ".

-Jim Rohn

En envolver, su cuerpo y mente deben conectarse como un marco del coche y su motor. Hay que tener cuidado de lo que es bajo el capó. Entender qué tipo de combustible que entra en su coche para que funcione correctamente. Nos educamos en deportes o películas, pero nunca la salud, sin embargo, nuestros cuerpos son mucho más importantes. Debemos valorar y cuidar de él para que funcione a su máximo potencial.

Cuando se pone el gas mal en su coche, no se ejecuta sin problemas y se quema más gas y le da menos millas por galón. Si usted quiere que su cuerpo funcione bien, asegúrese de que usted está poniendo en el combustible adecuado. Si nunca lea el manual de su coche, usted nunca sabrá lo que se utiliza gas o petróleo para que funcione mejor. Si usted toma el cuidado de su cuerpo, se le tener una máquina increíble que vive desde hace mucho tiempo y se ve muy bien en el camino de la vida.

Quiero compartir algunas de mis recetas favoritas. También he incluido dos recetas de un buen amigo mío. Chris Algieri que es un ex campeón del mundo de peso súper ligero estadounidense boxeador profesional y ex dos veces campeón del mundo Kickboxer!!! Él tiene un libro de cocina fenomenal llamada del luchador en Amazon que tiene 100 la construcción de músculo, recetas para quemar grasa con planes de comidas para esculpir su cuerpo. Además, hay una receta especial Incluí que se ha pasado en mi familia. Se le permite tener sólo dos veces al año. ¡Eso es! Es (abuela) cannoli receta especial de mi Ñoña. Debe dieta y el tren durante meses antes de tener esto. ¡Disfrutad!

Examen

Valorar esta roca por sí mismo en una escala del 1-10.

____

____

¿Cuál fue su parte superior para llevar de este capítulo?

____

____

¿Qué deficiencias tiene usted en esta roca?

____

____

¿Cuál es su plan de juego y la acción para corregir estas deficiencias?

____

____

Recetas Especiales

Pollo balsámico

INGREDIENTES

1/2 c. vinagre balsámico 2 cdas. miel
1 1/2 cdas. de grano entero mostaza 3 dientes de
ajo, picado
Sal kosher
pimienta recién molida negro
4 con hueso, piel en los muslos de pollo
2 c. patatas rojas bebé, reducido a la mitad (en
cuartos si son grandes) 2 cdas. ramitas de
romero fresco, más 1 cucharada. picado 2 cdas.
aceite de oliva extra virgen, dividido

DIRECCIONES

1. Precalentar el horno a 425 °. En un recipiente grande, combinar vinagre balsámico, miel, mostaza y ajo y se sazonar con sal y pimienta. Batir hasta combinado. Añadir muslos de pollo y mezcle hasta que esté completamente recubierto. Transferencia a la nevera a marinar, al menos 20 minutos y hasta 1 hora.

2. Mientras tanto, preparar las patatas: En un tazón mediano, añadir las patatas y el romero picado y sazonar con sal y pimienta. Añadir 1 cucharada de aceite y mezclar hasta que se mezclen. Deja de lado.

3. En una sartén grande para horno a fuego medio-alto, el calor restante cucharada de aceite. Agregue el pollo y dorar la piel hacia abajo, a 2 minutos, y luego la vuelta y dorar 2 minutos más. Añadir las patatas, enclavado entre ellos el pollo, y la parte superior con romero ramitas.

4. Traslado al horno y hornear hasta que las patatas son tiernos y pollo se cocina a travésde, 20 minutos. (Si las patatas necesitan más tiempo para cocinar, pollo transferir a una tabla de cortar para descansar y continuar la cocción las patatas hasta que estén tiernos.)

5. Sirva el pollo y las patatas con goteos de la cacerola.

Al horno mantequilla de ajo salmón

INGREDIENTES
1 filete de salmón grande
(alrededor de 3 libras.) De sal Kosher
Pimienta recién molida negro
2 limones en rodajas delgadas
6 cucharadas.
mantequilla
derretida2
cucharadas. miel
3 dientes de ajo, picado
1 cucharadita. tomillo picado
hojas 1 cucharadita. Orégano seco
De perejil fresco picado, para adornar

DIRECCIONES

1. Precalentar el horno a 350 °. Cubra una bandeja
para hornear con borde grande con papel de aluminio y la grasa con aceite en aerosol. Para el centro de la hoja, coloque las rodajas de limón en una capa uniforme.

2. Temporada de ambos lados del salmón con sal y pimienta y el lugar en la parte superiorde rodajas de limón.

3. En un tazón pequeño, mezcle la mantequilla, la miel, el ajo, el tomillo y el orégano. Verter sobre el salmón luego doblar hasta lámina que rodea el salmón. Hornear hasta que el salmón esté cocido, aproximadamente 25 minutos. Apagar el horno para asar, y asar durante 2 minutos, o hasta que la mezcla de mantequilla ha espesado.

4. Decorar con perejil antes de servir.

La patata dulce de frijol negro Cuencos de burritos con salsa de chipotle frambuesa

frijoles negros salados y ajo patatas asadas dulces se visten con jugo de limón y cilantro fresco y servido con salsa de chipotle picante de frambuesa en estos cuencos burrito de batata veganos dulces y salados.

Curso Entrada

Tiempo de preparación
10 minutos Tiempo de
cocción 35 minutos de
tiempo total de 45
minutos Porciones 2 - 3

INGREDIENTES

Para la patata dulce Burrito cuencos

1 batata medio cortado en cubos de 1 pulgada
1/2 cebolla roja mediana cortado en tiras
1 diente de ajo
picado 1 cucharada.
aceite de oliva
1 cucharadita. comino
molido 1/4 cucharadita. sal o al gusto
1/4 cucharadita. pimienta o al gusto 1 taza
cocidas o frijoles negros enlatados drena y enjuaga
1/4 taza finamente picado cilantro fresco
1 cucharada. jugo de lima

Para la salsa chipotle frambuesa
6 onzas. frambuesas frescas o congeladas
1-2 pimientos chipotle en salsa de adobo finamente
picado 1 diente de ajo picado
2 cucharadas. miel
de maple2
cucharadas. agua

Para servir
2 tazas de arroz
cocido 1/2 rodajas
de aguacate

INSTRUCCIONES

Hacer que la patata dulce Burrito cuencos

1. Precalentar horno a 400 °. Mezcle batata, cebolla, ajo, aceite de oliva, comino, sal y pimienta juntos en la calcinación de pan o

sartén horno de seguridad. Hornear hasta que estén tiernas las patatas dulces y ligeramente doradas, unos 30-35 minutos, volteando una vez o dos veces durante la cocción.

2. Retirar del horno y agregue los frijoles, el cilantro y el jugo de limón. Voltear un par de veces para distribuir. Se sazonar con sal y pimienta adicional si es necesario.

Hacer la salsa chipotle frambuesa

1. Colocar todos los ingredientes en una olla mediana y revuelva un par de veces. Coloque a fuego medio y llevar a fuego lento. calor inferior y permitir a fuego lento 15 minutos, agitando y romper cualesquiera grandes trozos de bayas con una cuchara, hasta que la mezcla es espesa y jarabe. Añadir unas cuantas cucharadas de agua si la mezcla se vuelve demasiado espesa.

Servir

1. Divida el arroz en cuencos. La parte superior con la mezcla de camote, salsa de chipotle frambuesa y rebanadas de aguacate.

Bison Sliders - desde el combatiente de cocina por Chris Algieri

INGREDIENTES

12 onzas. (340 g) bisonte molida magra (85%)
1 huevo grande
½ taza de salvado de avena
½ taza finamente en cubitos
de cebolla blanca 1

cucharadita. ajo finamente picada
½ cucharadita. sal
½ cucharadita. de pimienta negro
agrietado 8 bollos de
trigo deslizante 4 rebanadas
de queso cheddar fuerte 1 tomate
mediano, rebanado
1 cebolla roja mediana, en rodajas 4
encurtidos cóctel eneldo,   en
rodajas   4   cucharadita.   salsa
de   tomate
4 cucharaditas. mostaza de Dijon

DIRECCIONES

1. Precalentar la parrilla a medio.

2. En un tazón, combine el bisonte, el huevo, el salvado de avena, la cebolla, el ajo, la sal y la pimienta. Divida la mezcla en 8 hamburguesas, colocar en la parrilla, y cocine hasta que todavía ligeramente rosado en el centro, a unos 5 minutos por cada lado.

3. Cortar cada rebanada de queso por la mitad y colocar uno en cada hamburguesa para el último minuto de cocción.

4. Retire las hamburguesas a la parrilla y colocar en los bollos. Añadir una cantidad igual de rodajas de tomate, rodajas de cebolla, rebanadas de la salmuera, salsa de tomate y mostaza a cada. Pincho con palillos de dientes de cóctel y servir inmediatamente.

Aguacate & Croquetas de patata dulce - desde las combatientes de cocina por Chris Algieri

INGREDIENTES

1 cebolla roja mediana, en cubos
1 jalapeño, sin semillas y carne en
rodajas1 cucharadita. Hojuelas de
pimienta roja

2 batatas medianas, cortadas en ¼

pulgadas (0,5 cm) cubos
sal y pimienta recién molida negro 2 tazas de
espinaca
4 huevos grandes
1 aguacate mediano, en rodajas 1 cucharada.
perejil fresco picado

DIRECCIONES

1. Precalentar el horno para asar. Rociar una sartén de hierro fundido con aerosol antiadherente para cocinar.

2. Coloque la sartén en la estufa a fuego medio. Añadir la cebolla y el jalapeño y saltear hasta que la cebolla es translúcido, aproximadamente 5 a 7 minutos, revolviendo frecuentemente. Agregue el pimiento rojo y transferir la mezcla en un recipiente.

3. Añadir las patatas dulces a la sartén aún caliente y se sazonar con sal y pimienta. Cocine hasta que estén suaves, alrededor de 8 a 10 minutos. Añadir las espinacas y cocine hasta que se ablanden, aproximadamente 1 a 2 minutos. Añadir la mezcla de cebolla y jalapeño de nuevo en la sartén y revuelva en las patatas.

4. agrietarse cada de los huevos en una cuarta parte de la mezcla. Coloque la sartén en el horno y asar hasta se establecen los huevos, acerca 5 a 7 minutos.

5. Retire el hash del horno, cubra con las rebanadas de aguacate, espolvorear el perejil sobre la parte superior, y servir inmediatamente.

¡Famoso Receta cannoli crema de Ñoña!

INGREDIENTES

3 libras ricotta
4 tazas de leche
almidón de maize 9 cucharadas
1 tazas de azúcar canela
½ cucharadita de
extracto de vainilla
1 naranja
rocía 1 limón
bocados
confiteros el
azúcar de color
chocolate

Vierta la leche fría en la olla. Añadir 9 cucharadas de almidón de maíz en la leche y asegurarse de que está disuelto. Añadir el azúcar, la canela, extracto de vainilla, cáscaras de naranja, cáscaras de limón, y la mezcla de agitación con una cuchara de madera en un con- movimiento de agitación continuo a fuego medio. Continuar agitando a hervir hasta que la mezcla se espesa al tiempo que reduce el calor. Una vez que la mezcla se espese, retirar del horno y lo mantiene fresco durante un par de horas. Refrigerar.

Después de la refrigeración, eliminar las cáscaras de naranja y de limón de mezcla preparada. de mezcla alternativo mezcla de almidón de maíz en el colador y añadir un poco de requesón y azúcar y pasar a través del filtro. Continúe alternando mezcla de almidón de maíz y azúcar y ricota a través del filtro hasta que todo se utiliza y se coloque en un tazón. Cannoli cosas cremé en conchas cannoli con cuchara pequeña.

Opcional: Agregue bocados de chocolate o chispitas de colores en ambos extremos y espolvoree con azúcar glas.

5

flujos de ingresos

En lugar de pedir a los jóvenes lo que quieren ser cuando crezcan, creo que la pregunta correcta es ¿cómo verdaderamente quieren vivir su vida. Cuando se trata de finanzas, ¿qué sientes se ajuste a sus sueños y el resultado que usted desea? La realidad es que nuestros sistemas escolares, nosotros programa que se va a trabajar gran trabajo, pero rara vez se enseña cómo tener una mentalidad de empresario. John D. Rockefeller dijo una vez: "No quiero una nación de pensadores; Quiero una nación de trabajadores." Usted puede tomar esa cita que le apetezca, pero parece reflejar lo enseña nuestro sistema escolar. Nos alientan a pensar de una manera y no de verdad piensan libremente. Si usted tiene una tapa de un frasco lleno de moscas, aprenderán que no pueden ir más alto y parar antes de llegar a la cima.

Si se toma la tapa, que todavía no se irán volando porque están condicionados a parar. También vivimos con los sistemas que ponen tapas de nosotros y limitan nuestros sueños y metas. Hay dos tipos de estilos de vida: sobrevivir y próspera. Afortunadamente, usted puede elegir la forma en que vive. Los caminos que eligen crear el resultado que desea. Yo recuerde ser pregunta dopara evaluar mi vida en una escala de 1 a 10 en lo que respecta al tiempo y dinero. Dije -2. Que estaba haciendo mal como un estudiante universitario, comer Taco Bell cada dos días, y no tenía dinero, sólo los puntos de comida en mi tarjeta de la escuela. Entonces, supe que había tres cosas que tenía que cambiar para conseguir la vida que quería:

1. Teniendo un mentor

2. Educarse

3. La elección del vehículo adecuado

A veces somos los jugadores "A" en la vida, pero estamos atrapados en este juego de C o D que no nos permiten crear el mejor resultado para nuestra familia y nosotros mismos. Tenemos restricciones que nos impiden vivir en nuestro potencial. Muy a menudo tratamos de ser un artista en la vida sin un productor (mentor) que nos ayuda. A los jugadores entienden el poder de un entrenador. Es necesario encontrar un mentor que puede ayudarle a llegar al siguiente nivel. Es esa relación de maestro / aprendiz que le ayudará a alcanzar el éxito y las metas que desea. Encontrar a alguien que ha recorrido el mismo camino que su viaje no es tan largo o accidentado.

"Un gran productor en la vida produce resultados. Sé ese artista que está dispuesto a aprender para que eventualmente te conviertas en el productor de otros"

Siempre digo que no se puede vivir una vida nueva con la información antigua. Es necesario volver a programar y actualizar su software ser relevante. ¿Por qué te escuchar reproductores de casetes cuando se tiene Spotify o iTunes en su teléfono? Aprender sobre temas que desea tener éxito en. Elon Musk aprendió la ciencia de cohetes con sólo estudiarlo; él no ir a la escuela por ello. La información es más accesible que nunca.

¿Si tuviera que darle un barco Lamborghini o un remolcador, cuyo vehículo le quiere? Se podría decir que desea que el Lambo, pero primero hay que saber lo que usted lo necesita. Si necesita mover una barcaza, a continuación, un remolcador sería mucho más valioso.

La riqueza puede ser dividido en dos zonas:

En primer lugar, tener una red, siendo un factor de influencia, o tener un servicio o producto. En segundo lugar, ser capaz de proporcionar un valor y respuestas a otros. No se trata de hacer dinero; se trata de tener flujo de dinero a usted debido a lo que usted proporciona. El dinero fluye a cualquiera que tenga un mejor producto o servicio, el que proporciona el mayor valor. Es necesario preguntarse donde usted puede proporcionar el mayor valor.

Este es un gran ejemplo. Hace años, Blackberry y Nokia estaban aplastando el juego del teléfono celular. Poseían el mercado hasta que llegó a lo largo de un hombre llamado Steve Jobs, que tuvo la visión de hacer un teléfono llamado el iPhone. Creó algo que otros no veían, porque la gente no sabe lo que quiere hasta que saber lo que pueden tener. El dinero fluía de Nokia y Blackberry al iPhone porque era algo que proporciona un mejor valor. Esto sucede todo el tiempo. Uber tomó negocio de las compañías de taxis. En 2013, medallones (permiso de Lo que nos permite taxistas para operar) utilizado para costar $ 1.3 millones; Ahora que valen $ 160.000. Aprender cómo hacer que el flujo de dinero a usted, basado en lo que usted proporciona es mejor o diferente.

Cubo o el

El espíritu empresarial que permite para controlar mejor que el flujo de dinero. No es tan fácil si usted tiene un trabajo porque alguien pone límites a lo que piensan que vale la pena salario sabia. No es malo, pero restrictivo. La mayoría de las veces, se necesita su trabajo para suministrar algún tipo de ingreso en su viaje hacia la iniciativa empresarial, pero luego están esos después de horas o tiempo libre los fines de semana que le permiten crear algo más si lo desea.

Hay dos tipos de ingresos que llamo cubo de la renta y de la tubería de ingresos. Estos son también conocidos como ingresos activos y los ingresos pasivos. Si se piensa en el ingreso de textos, usted debe ir para que salga. Bastante simple, ¿verdad? Si se va a construir un castillo de arena por el océano durante la marea baja, se podría construir con ningún problema. Dos horas más tarde, sin embargo, la alta marea sube y se lava todo su trabajo de distancia. Eso es lo que renta activa es como si ya no se va a trabajar para ello, que no sale. Los lavados de mareas de distancia de su castillo de arena cada pocas horas y los ingresos durante la semana consigue lavados también.

La verdadera moneda de la vida no es el dinero sino el tiempo, toda vía intercambiamos constantemente nuestro tiempo por dinero, porque eso es todo lo que sabemos. Pregúntese: "¿Qué es lo que actualmente no tengo que yo quiero en mi vida?" Si algo falta, a continuación, pedir lo que necesita cambiar. Puede que tenga que cambiar su carrera, su vehículo ingreso, o su forma de pensar. Si no está satisfecho con solamente sobre vivir, sino que quieren prosperar, hacer preguntas como:

- ¿Qué es lo que quiero en esta vida?

- ¿Cuándo Qué quiero esas cosas?

- ¿Qué estoy dispuesto a dejar de lado a conseguirlos?

Se dará cuenta de esto también en la mentalidad de los empleados frente a los empresarios. Ninguno de los dos es mejor que el otro; sólo depende de cómo se quiere hacer dinero, pensar y vivir su vida. Las personas que sólo tienen una "sobrevivir" reloj mentalidad de televisión mucho, están en las redes sociales mucho, y pierden mucho tiempo todos los días. Se suele hablar de los viejos tiempos, pero nunca crean nuevos días. Se quejan de cómo cuestan mucho las cosas, pero nunca encontrar la manera de ganar fuera de la cuestión. Las personas que tienen un aprendizaje próspero mentalidad amor, creciendo y ganando contenido en la vida para que sean mejor. Hay empleados y empresarios en ambos lados de sobrevivir y prosperar. Usted tiene que elegir en qué medida y de alta quiere ir. Usted quiere tener su "concierto principal", entonces sus "conciertos secundarios" en la vida. Con el tiempo esos "conciertos secundarios" serán las principales cosas que hacer y cosas más probables que realmente disfruta. Usted puede estar en el punto en el que no quiere la responsabilidad de ser dueño de un negocio o empezar desde cero, y eso está bien. Todo se reduce a lo que sientes va a cumplir sus sueños y deseos. Un cierto trabajo puede hacer que si el salario que le pagan le permite hacer lo que quiere. Recuerdo haber oído una vez que:

"Cada trabajo que tenga le pagará un cierto salario, y ese ingreso restringirá los sueños y las metas que desea a lo largo de su viaje".

Si usted es un maestro, es posible que les encanta estar con los niños y tener sus vacaciones de verano. Impresionante, seguir haciendo eso. Si trabaja como médico, ingeniero, o un contador, es posible que encanta ser capaz de salvar vidas, diseño, o que son grandes con los números. Se puede trabajar en ambos al mismo tiempo si lo desea. Se podría trabajar 09 a.m.-5 p.m. para sobrevivir y luego trabajar 17:00-22:00 en otros proyectos para prosperar y llegar al siguiente nivel o iniciar su propio negocio. Es su elección y algo que sólo usted sabrá.

"Una gran hombre o una mujer puede hacerse cargo de una o dos generaciones arriba y abajo ellos."

Mentalidad

¿Se siente usted ha alcanzado su límite para el logro de sus sueños o aumentar sus ingresos? ¿Si es así, lo que hay que cambiar? Lo que me desplazado hacia ser un empresario fue ver a mis hermanos pasan por tantos puestos de trabajo y de haber sido despedido. ¡Eso hizo que me diera cuenta de que trabajar para alguien más fue el "arquitecto" de mi vida que me impidió llegar a mi destino! También vi a mi padre trabajo en el sector inmobiliario, donde fue capaz de pasar la vida con su familia, no sólo las sobras después del trabajo, pero cierto tiempo de calidad. Fuimos muy bendecidos de tener nuestro padre presente en nuestras vidas y poder ir a los deportes que jugamos y estar cerca de nosotros crecer. Yo solía pensar que mi padre estaba en la mafia porque estábamos italiano y él condujo Cadillacs.

Sobrevivir o prosperar

Yo quiero hablar de algunos aspectos fundamentales para la creación de ingresos o la riqueza apropiada. Hay una mentalidad de sobrevivir frente a la mentalidad próspera. Observe cómo piensa que sobrevive más pequeña y próspera piensa más grande. Sobrevivir cree que el dinero se gana a través del trabajo, mientras que cree que es próspera obtuvo a través del pensamiento. Algunas personas se preocupan por título o estado y muchos de los cuidados próspera sobre el resultado, resultado e impacto en la sociedad. Bill Gates y Steve Jobs se preocupaban por la construcción de algo que cambió el mundo. Construyeron sistemas en lugar de trabajar para uno, lo que le permite no hay límites a donde desea ir. Es todo modo de pensar que restringe las personas que lleguen a un nivel superior en la vida.

Una mentalidad que sobrevive se quejará de problemas, y una mentalidad próspera, vienen con una solución para ver cómo se puede hacer que sea mejor o repararlo. Es como tratar de conseguir un sofá por una escalera cuando una persona se queda atascado. Llegan a medio camino cansado debido a que el sofá no va a ninguna parte. El dad mental-luchadora tomó el tiempo para pensar primero en los ángulos y cómo bajar adecuadamente para ahorrar tiempo y energía. Trabajan menos y son más eficientes. Los sobrevivientes estarán en las redes sociales o ver Netflix, y serán los thrivers leer, escuchar o ver vídeos inspiradores o documentales. Ellos hacen la tarea mental para asegurarse de que van por la vida de manera más eficiente. Se ven en las escaleras de la vida en primer lugar, estudiar la mejor manera de ir hacia abajo, y luego tomar acción masiva.

Mírala forma en que muchas personas han llegado a Estados Unidos desde sus países de origen en el que sólo sobrevivían. Podrían haberse quedado allí, pero decidieron empacar y mudarse a un ambiente extranjero que les daría más oportunidades para su familia. Ellos no estaban satisfechos. Muchas personas que han inmigrado a los Estados Unidos tienen un enfoque diferente y ética de trabajo que los nacidos en Estados Unidos. Su forma de pensar cuando vienen a este país tiene una mentalidad de "Vamos a prosperar. Eso es; ¡no hay otras opciones!" No tienen nada más que apoyarse. Es como si tuviera un tigre detrás y delante de usted era un acantilado con agua muy por debajo. ¿Se mantiene y se los comen o no saltar? Aprender a saltar en una gran mentalidad de éxito.

Duplicación

Aprendizaje para apalancar o subcontratar le pondrá en una buena posición financiera y también volver a comprar algo de su tiempo. Hay cosas que puede hacer para ahorrar dinero al no contratar a alguien, si se trata de jardinería, limpieza de la casa, un cambio de aceite, o la limpieza de la piscina. Pero normalmente se contrata a alguien, y que está dispuesto a pagar porque no se puede saber el pozo artesanal y no tienen tiempo para aprender. Por lo tanto, se utiliza otra persona, y que también se ahorra tiempo. Esto le permite hacer otras cosas que se pueden hacer aún más dinero que se gasta, sobre todo cuando se es dueño de un negocio. Si no se aprende este concepto, una empresa va a controlar su tiempo. No la posea; ¡poseerá usted!

El desafío que enfrentan muchos como un empleado no es ser capaz de permitirse el lujo de duplicar a sí mismo. Pero duplicación cando mismo le puede dar una gran cantidad de apalancamiento. La construcción de sistemas y documentación de ellos es el primer paso para la duplicación de sí mismo. A continuación, enseñar a aquellos sistemas a otra persona que lo puede hacer por usted a un costo más bajo que lo que es digno de su tiempo.

Dos edades diferentes

A medida que la vida se mueve hacia adelante, que se olvide de actualizar nuestro software en muchas partes de nuestras vidas. La mayoría de las personas están operando en sistemas que son irremediablemente obsoleto y que no funcionan tan bien como deberían. Actualizamos nuestros teléfonos, pero se olvidan de actualizar a nosotros mismos para reflejar cómo el dinero y el mercado están evolucionando. En el mundo de hoy, lo que ha tomado previamente años para crear ahora sólo puede tomar meses o semanas. Mira cómo muchas empresas están subcontratando a otras partes del mundo, porque es más barato y más eficiente. Muchas veces, se cumplan nuestros modos de pensar o de las formas en que hacer un ingreso. Todavía tratamos de usarlo, pero no está produciendo los efectos que una vez tuvo.

Hay millones de sitios web llenos de información para ayudarle a ser más eficiente en lo que necesite. Crecí con enciclopedias (honestamente olvidado cómo se escribe la palabra al escribir esto), pero ahora se puede Google casi cualquier cosa. Pero hay que tener cuidado porque a Internet con frecuencia afirma opiniones y cualquiera puede poner la información allí. También puede ir a YouTube para obtener información acerca nada como la forma de arreglar algo o esquiar o aprender un nuevo programa en su ordenador. Solíamos ir a la biblioteca cuando necesitamos información; Ahora vamos en línea.

La cuestión es cómo estás haciendo el ingreso en el mundo actual. Mira, Elon Musk crear el Hyperloop y cambiando la forma en que viajamos. Nuestro sistema de viaje con aviones no ha cambiado en las últimas décadas. Nada evolucionó hasta hace poco con los diferentes proyectos, Elon Musk y coches eléctricos han comenzado a hacer.

¿Qué es la manera mejor y más eficiente para que usted pueda cumplir con sus metas y sueños? Hay diferentes formas de hacer ejercicio, pero todo lo que están empujando hacia el mismo resultado: un cuerpo sano y en forma. Asegúrese de que no se esté usando el software que expiró hace años. Todavía puede trabajar, pero no le está haciendo a través de la vida de manera efectiva. Con el mundo y la tecnología de hoy, también estamos perdiendo puestos de trabajo para las personas porque las computadoras están asumiendo el control. Dos buenos ejemplos son los peajes E-ZPass para vehículos y mostradores de autoservicio en tiendas como Deposito de casa. Es necesario mantener el ritmo.

"El conocimiento o la mentalidad de algunas personas han expirado. ¡Asegúrate de que el tuyo esté actualizado!"

Círculo de amigos

Hablo de esto a lo largo del libro, pero creo en esto mucho. No se puede esperar un tigre para alimentar a su familia cuando tenía sólo ha existido pequeños gatos que toman abajo de los ratones para vivir. Hay un español diciendo He aprendido de mis amigos en Miami: "Las Palabras se le han ido con el viento", que significa, "Las palabras son tomadas por el viento." Cuando se quiere hacer crecer personalmente o iniciar un negocio, usted tendrá amigos, familia, o incluso extraños que dan opiniones que están "caducados" y no válidos. Que el viento lleve esas palabras si no le darán poder a lo largo de su viaje.

Eso es por esto es importante para ver si está siguiendo sobrevivir consejos o asesoramiento próspera. Su entorno es lo que hace que eres. Ser cuidadoso en quien se rodea de lo que puede tener una vida próspera. Cuando estaba jugando béisbol en los niveles superiores, que no tenía sentido para mí estar con talento menor, porque me iba a caer a su nivel. Mis habilidades disminuirían en lugar de aumento. En el gimnasio donde trabajo con frecuencia, tengo un amigo que es de 6' 5" y 270 libras de músculo. ¡Mientras escribo esto, todavía estoy dolorido de un entrenamiento que teníamos hace cinco días! Se puede gritar a mí cada vez que quiera porque es grande y en forma. Pero si alguien intentó que, alguien sin resultados, que les decía directamente hacia arriba, "Deja de dar consejos caducada que no tiene credibilidad." Entonces sonreía y se aleje.

No trate estar en las mayores cuando estás cerca el talento y la mentalidad de la liga menor. Todavía se puede ser amigos con esas personas, sólo asegúrese de que su tiempo se ve limitada si usted tiene grandes metas y sueños cumpla cabalmente. Pero si usted desea permanecer jugar al fútbol de la escuela secundaria y nunca llegar a la MLS o ventajas de la FIFA, mantener la misma esfera de influencia. He aprendido que las personas exitosas no son siempre las personas disponibles porque ellos son en el proceso de utilizar su tiempo sabiamente.

La tribu que usted elija es muy importante, aunque puede ajustar a veces a lo largo de su vida. Su tribu afecta a sus buenas vibraciones, la actitud y los sueños. No se puede construir un imperio o ser rico en forma aislada. Sólo es tan buena como la comunidad que sur- redonda usted mismo con y asociarse con. No podemos estar en las islas por nosotros mismos; necesitamos grandes comunidades para ayudar a hacer que la isla habitable.

"¿Por qué plantar una semilla en concreto y esperar que crezca? Plantarte en el suelo para obtener comprensión, y comenzaras a saber".

Pasivos o activos

Mirando en las cosas que compras o las cosas que haces es clave para saber con éxito si se trataba de un movimiento pasivo o un movimiento activo. He hecho muchos de responsabilidad se mueve en mi vida, como la compra de un coche, un reloj, ropa o cualquier otra cosa que realmente no necesita. Todos tenemos el buen gusto, pero a veces nuestro gusto nos hace vivir una vida de responsabilidad que es apretado. Muchos piensan que una casa es un activo, pero es una responsabilidad porque la mayoría de las casas en que vivimos no producen ingresos. Si usted tiene inquilinos, a continuación, su edificio es un activo. Si usted tiene una oficina en su hogar, existen incentivos fiscales para que, lo mismo para un coche que se utiliza para su negocio.

Todos los días tomamos decisiones pasivos o activos, Así que aprende cuál va a ayudar a los más. Nosotros vivir en una sociedad donde todo el mundo quiere comprar la mejor y más cosas. No sabemos cómo aplazar el consumo con aquellas cosas que realmente no necesitamos. Actualmente tengo un modelo más antiguo del iPhone, y aunque me puedo permitir el más reciente, ¿Por qué arreglar algo que no está roto? La gente hace eso con los coches y la ropa, también. Estas son decisiones de responsabilidad. Los sobrevivientes de responsabilidad de tomar decisiones, y tomar decisiones que sobresalen de activos al día.

"Algunas personas invierten más en el fin de semana que en su futuro".

Educación de la sociedad real

Hay tres tipos de educación en el mundo de hoy: académico, profesional y financieros. Vamos a empezar con el primer estudioso.

Soy seguro que muchos de ustedes tienen fuertes opiniones acerca de nuestro sistema educativo. Muchos sienten que está roto y anticuado, y algunos sienten que es genial. He aprendido que no puede pagar las facturas con grados; usted tiene que pagar las facturas con el dinero. Solía estresarse mucho por hacer mal en un examen. Creo que debe hacer bien en la escuela, y ayuda a mostrar su enfoque y la ética de trabajo. Pero he visto a los estudiantes que tienen ADD C convertirse en propietarios de compañías de gran éxito y ahora esos estudiantes A están trabajando para ellos.

Mucha gente utiliza la etiqueta ADD. Eso me sucedió cuando era un niño cuando estaba en cuarto grado. Me dijeron que me iba a quedar atrás. Mis padres y yo no aceptaron eso, y pasaron ese año y nunca mirado hacia atrás, terminando mi carrera universitaria con un promedio de 3,8 y una doble licenciatura. Muchas personas que están etiquetados como ADD son simplemente aburrido y lo que se supone que deben estar prestando atención a no mantenerlos enfocados.

Por desgracia, la deuda de préstamos estudiantiles está en su punto más alto con tasas de interés entre 3.4% y 8.5%. Los niños se gradúan con una hipoteca, pero sin casa. Cuando se trata de la universidad, es necesario preguntarse si está recibiendo una educación del mundo real que sólo es aplicable a las necesidades actuales de la sociedad (que cambian cada día). Después de graduarse cuatro años a partir de ahora, el tema que se aprende acerca podría llegar a ser irrelevante en el mercado. Me senté en las clases donde a menudo me preguntaba cuando me volvería a usar esa información. Creo que a veces agregamos cosas a nuestro software o cerebros que no necesitan estar allí cuando realmente tenemos que aprender otras cosas como el presupuesto, las finanzas, o cualquiera de las otras áreas que hablo en este libro. Para ciertas carreras, como médicos o ingenieros, ir a la escuela. No quiero escuchar que mi doctor aprendió los procedimientos médicos de YouTube.

La sociedad está condicionada a pensar normal, no anormal. Ellos están condicionados a este de una manera y están en una caja. Imagínese si usted creció en todo lo que tiene que ver era que una pequeña sala en la que vivió en con sus padres. la vida simple y muy poco conocimiento. Vivimos en cajas metafóricas y nunca explorar otras cajas que podrían tener mucho más que ofrecer. Obtenemos cómodo en estas cajas, ya que hemos estado allí durante tanto tiempo. Pero una vez que se descubre una caja más grande, su mente es arrojado, y que nunca quieren volver a ese cuadro limitado.

"Los analfabetos del siglo 21 no habrá los que no
 saben leer ni escribir, pero los que no puedan aprender,
 desaprender y volver a aprender ".

~ Alvin To ffle r

Educación profesional

Lo que hace la formación profesional el programa a seguir un sistema y no cuestionar nada. Es A VECES no le permite pensar libremente, dependiendo del campo que estudia. Nuestro sistema escolar y nuestro sistema de trabajo son extremadamente similares.

- Por un lado, se utiliza un bus, el otro un coche o en tren

- Ambos tienen la hora del almuerzo

- Uno tiene un maestro, el otro un jefe

- Uno tiene la tarea, el otro tiene el papeleo

- Uno tiene días apagado, el otro tiene tiempo libre

- En uno le pagan con grados, en la otra se le paga con el dinero

- Ambos comienzan por la mañana y terminan por la tarde

Estás programa do para ser un empleado, no una profesión de libre o empresario, y eso está bien si eso es lo que quiere. Educación para médicos, abogados, dentistas, ingenieros y contadores se considera profesional la educación y la siguiente ciertos protocolos para estar en esas carreras. Algunas grandes cualidades que provienen de esta educación, como estar a tiempo, ser responsable de su tarea o papeleo, y la forma de aprender de los demás.

El conocimiento financiero

La educación financiera es algo que nunca aprendemos en la escuela, por desgracia, o por lo menos muy raramente. Siempre me he preguntado por qué nunca aprendimos sobre los intereses, cuentas bancarias, inversiones, deuda, hipotecas y hasta fuera de la escuela y en el mundo real en el que tenemos que aprender rápidamente todos estos nuevos términos. Nos hacemos mayores y el primer y principal cosa que quejarse es el dinero. Es lo que controla nuestra mente, la vida y las relaciones. Nunca aprendemos sobre inversiones a corto plazo o largo plazo. La educación financiera es la posesión de las habilidades y conocimientos que permite a un individuo para tomar decisiones informadas y eficaces con todos sus recursos financieros. Nunca aprendemos cómo tomar decisiones informadas, lo que luego pone a nuestra familia en una lucha financiera general. Hay tantos ejemplos de familias que pasan no sólo por dinero, sino que pasan por la sabiduría de cómo mantenerla y se multiplica. Todos sabemos lo que hace Warren Buffet, pero lo que la gente se pierda es cómo lo hace. La mentalidad detrás de sus inversiones no tiene precio. Si pudiera, me gustaría pagar por la mentalidad que tiene y la estrategia de por qué se invierte la forma en que lo hace. Las familias que continúan transmitiéndose y creando riqueza generacional lo hacen principalmente a través de una educación financiera adecuada. Conocer no sólo cómo hacer dinero, pero la forma de mantenerlo mientras que ser grandes administradores de ella y también aprender cómo hacer que se multiplican. Que pagaría por la mentalidad que tiene y la estrategia de por qué se invierte la forma en que lo hace. Las familias que continúan transmitiéndose y creando riqueza generacional lo hacen principalmente a través de una educación financiera adecuada. Conocer no sólo cómo hacer dinero, pero la forma de mantenerlo mientras que ser grandes administradores de ella y también aprender cómo hacer que se multiplican. Que pagaría por la mentalidad que tiene y la estrategia de por qué se invierte la forma en que lo hace. Las familias que continúan transmitiéndose y creando riqueza generacional lo hacen principalmente a través de una educación financiera adecuada. *Conocer no sólo cómo hacer dinero, pero la forma de mantenerlo mientras que ser grandes administradores de ella y también aprender cómo hacer que se multiplican.*

"El progreso nos hace felices, no solo el dinero, sino que también nos ayuda a lograrlo y mantenerlo".

Liderazgo

Necesitas para ser el líder de su propio barco antes de que pueda ser un capitán a los demás. Es por eso que el crecimiento personal es tan importante. En un primer momento, tendrá que seguir a los demás hasta que se sienta cómodo con ese rol. John Maxwell es un entrenador de liderazgo increíble que ha pasado décadas estudiando la enseñanza del liderazgo. Recientemente tuve el privilegio de conocerlo.

Hay dos tipos de líderes: la agencia de viajes y el guía. Un agente de viajes le dirá a dónde ir, y un guía turístico te llevará a donde quieres ir. Se puede elegir el tipo de líder que desea ser, pero los líderes de guía turístico conectar más porque caminan el camino con usted. Se sienten más seguros, pero con el tiempo van a ser tan fuerte que puede ser un agente de viajes para ellos. Esto es importante para las organizaciones de desarrollo, equipos o empresas, y el estilo de liderazgo que elija puede crear una cultura que las personas adecuadas disfrutarán.

Muchos grandes líderes o directores ejecutivos sienten que sus empleados son lo primero, entonces sus clientes. Si sus empleados no son atendidos, a continuación, sus clientes se sentirán con, la actitud o vibrar a sus empleados emiten. Delta es un gran ejemplo de eso. Su experiencia con su cultura comienza con sus empleados tan pronto como se registre. El liderazgo no es un título o nombre, es una acción y ejemplo de cómo tratar a las personas. Es cómo se puede dirigir a su familia, relaciones, negocio u organización, y lo más importante- su vida. Como líder, carácter e integridad hacia los demás es importante, y si usted se beneficia de ellos o no, es parte de lo que eres.

"Los verdaderos líderes no crean más seguidores; crean más líderes".

Vehículos

He hablado de esto antes con respecto a la pregunta que me hicieron sobre dónde estaba en una escala del 1-10 en mi vida en el tiempo y dinero. Dije -2, y había tres cosas Que tenía que cambiar para llegar a 10: guiar, educar, y el vehículo. Si alguien dijo que o le dará un Lamborghini o un remolcador, ¿cuál tomar? La mayoría de la gente diría que el Lamborghini, pero realmente depende de lo que lo necesita. A eso lo llamo "capucha rica" en el que comprar cosas que no puede permitirse el lujo de impresionar a la gente que ni siquiera me gusta o conoce.

He comprado un "Rolex" de China cuando tenía 19 años llegó en un paquete muy agradable, y pensé que era conseguir una gran cantidad por sólo $ 79.99. ¡Que iba a ser tan col! Hasta unos tres meses más tarde, cuando empezó a volverse verde y los "diamantes" fueron cayendo. Fue entonces cuando me di cuenta de por qué comprar la cosa real. Está bien querer cosas buenas, pero con moderación y actuar nuestro salario. Lo llamo el consumo diferido o demora en la gratificación. La elección del remolcador es realmente la mejor opción porque se puede ganar dinero con ella, los viajes a través del agua, y mover cosas con él para hacer un ingreso. Es un activo, no un pasivo. Claro, puede que no sea tan bonita como un Lamborghini, pero con el tiempo se permitirá comprar un buen coche si decide, pero todavía tiene el flujo de efectivo que entra.

La elección de su vehículo en la vida le dará el resultado que desea aumentar su hoja de vida, que es el total de eventos que pueda tener con los que disfrutar de la compañía a lo largo de su vida. ¿Aunque es posible que su carrera o negocio, son los resultados todo lo que quería? Mira personas que inventan algo, dicen un nuevo tipo de fregona. Ellos no aman necesariamente fregonas, pero aman el resultado de cómo se crea riqueza para ellos y su familia. Aquí podrá conocer a las personas que dicen que aman lo que hacen. Eso está muy bien si es que realmente lo hacen.

¿Pero haría lo mismo que está haciendo ahora si tuviera que hacerlo de forma gratuita? Esa es una pregunta honesta que debe hacerse. Nos gusta ir al gimnasio porque nos gustan los resultados que obtenemos de ella. ¿Si no conseguimos resultados, tendríamos que todavía ir al gimnasio? ¿Qué hay de ir a bares y beber una cerveza que cuesta $ 1, pero te cobran $ 7, y que está bebiendo demasiados carbohidratos con gente que no conocemos y apenas se puede mantener una conversación con, porque es demasiado ruidoso? Usted habla con los ojos y rezar puede leer los labios. Al final, no hay gran resultado, y ni siquiera estás seguro de por qué fue.

Yo prefiero ir a una bonita sala de estar o en el bar con la gente adecuada y un buen ambiente donde se habla de unos a otros y de negocios y el futuro y yo puedo pedir por escrito de la comida porque es una comida de negocios. Mi noche es ahora un activo, no un pasivo.

Encuentra el vehículo en su vida que va a cumplir con usted, pero también le dará el resultado que desea. Elegí el mundo del comercio electrónico porque yo era un estudiante universitario rompió a querer construir algo en mi dormitorio. Diez años más tarde, todavía estoy suerte de vivir fuera de lo que he construido. Sí, tendrá ajustes en el camino y la "vida" va a pasar, pero es bueno saber que están tomando decisiones de activos todos los días.

Desbarataré la vida en tres vehículos:

> Puestos de trabajo - el comercio de su
> tiempo por dinero ayudando a otra
> persona a alcanzar su sueño

> Carreras - Doctor, contador,
> abogado, ingeniero, actor, bailarín,
> atleta, de acogida, etc.

> Empresario - Diseñador, sitios de
> comercio electrónico, bienes raíces,
> cantante independiente, los servicios,
> los empresarios, inventores

Elija lo que le hará cumplido, sino que también permite que para impactar la sociedad. Comercio electrónico me da la libertad de trabajar donde quiera, y yo soy capaz de ser un mentor para otros y crear organizaciones benéficas para impactar positivamente en el mundo. Recoger el vehículo que desea en su vida que realmente te hará feliz y crear los resultados que siempre ha deseado.

Cuentacuentos y Marca

La gente compra en historias y una persona antes de que compren en una organización. Su marca y la historia tienen que ser orgánicos y naturales. La gente no quiere ser vendido nada; quieren una historia que muestra cómo se puede ayudarles a. En la película Rocky, nos encantó la historia que Sylvester Stallone creado porque relacionamos con él tanto. La canción y el cuento el tema conectan con el público, por lo que todo el mundo le encanta. Stallone no trató de ser alguien que no era. En cambio, él era real, que es por qué las personas compran en él y la historia.

Cuando intenta ser alguien no es así, su historia se siente procesada y no real. La gente sabe de la sensación de la misma que se fabrica. Mira a Coca-Cola y su puesta en escena, y se dará cuenta de que han hecho algunas cosas bien con su historia-relato. Por ejemplo, se utilizan de Santa en comerciales y anuncios publicitarios durante las vacaciones. Durante el verano, juegan la botella fría refrescante y también imprimir los nombres de cada botella que la gente pueda compartir una botella con un amigo que tiene el mismo nombre.

Técnicas de marca y la narración son hormigas de importaciones a la corriente de ingresos que usted elija. La gente compra en la visión y la misión de la empresa, no el producto. La gente le encanta trabajar para Apple y Google debido a su historia. En primer Lugar, es necesario:

1. Identificar su historia

2. Definir el producto / servicio detrás de esa historia

3. Descubre que van a comprar en esa historia y beneficiarse de su producto / servicio

Marcas mueren cuando la historia muere o deja de ser dicho de la manera adecuada. Aprender a ser dueño de su historia y vivirla. Que sea lo que eres por lo que no es necesario cambiar su máscara en diferentes situaciones. Usted es un original, no una copia de carbono. Si usted no está haciendo fe, sin embargo, esto va a ser el sentimiento más liberador en el mundo. Su historia dura mucho tiempo y seguirá siendo contado como un árbol plantado ahora va a producir sombra en los años venideros.

"Sigue creando estas nuevas historias en la vida. Aprende a vaciar la mochila de tu pasado para que tu viaje futuro sea más liviano y brillante".

Trabajo

Debes tener una fuerte ética de trabajo. Cuando miro hacia atrás en mi carrera en el béisbol, especialmente en la universidad, se trabajó seis a siete días a la semana y poner un equipo de Ning-ganar en el campo que nadie podía competir contra. Nuestra práctica consistía tal vez un día de descanso, cuatro días a la semana de trabajo a cabo, y de dos a tres días haciendo ejercicios de agilidad, que se están ejecutando y los movimientos explosivos. Nuestros cuerpos siempre se están trabajando y nunca descansaron. El más gracioso fue cuando nuestras piernas eran tan dolorosas que nos dimos una vuelta por el campus como patos. Recuerdo que cuando iba a clase porque mis piernas simplemente no funcionan. Siempre hemos trabajado duro para asegurarse de que dimos nuestro mejor en la cancha.

Mi primer año es cuando empecé mi negocio, Y Iba a la escuela como una doble especialidad, béisbol, hacer ejercicios, hacer la tarea, trabajando un poco con clases de béisbol, y la construcción de mi negocio en el lado 7:00-11:00 cada noche. Entonces hice la tarea después de eso hasta alrededor de las 02 a.m. y se despertó a las 7:00 am para comenzar el día de nuevo. Estaba operando en 4 a 6 horas de sueño y tomando siestas siempre que pude. Algunos de ustedes pueden tener una familia y tienen mucho que hacer, y por eso las rocas de salud y organización le ayudará a enfocar y utilizar su tiempo sabiamente. Especialmente con mi horario, necesitaba ser decentemente organizada para operar todas esas cosas en tan solo 20 años de edad. Tuve reuniones para asistir a los clientes y para sentarse con, pero también he tenido que equilibrar mi vida personal también. No es necesario ser un robot, pero sí es necesario para trabajar. Cuando vi a mis compañeros y amigos perdiendo el tiempo, me di cuenta de que estaba haciendo algo diferente para construir mi futuro. No se puede tener un sueño de millones de dólares con una ética de trabajo de salario mínimo. A día de hoy, sé que puedo trabajar más duro y más eficientemente que la mayoría de las gente que conozco. El trabajo duro no logra tanto como lo hace un trabajo eficiente. En el béisbol, puede tomar 300 malos oscilaciones o tomar 50 grandes oscilaciones que crean un gran resultado. Ted Williams y Warren Buffet tenía algo en común; ambos sabían lo que de paso para hacer pivotar al. Sabían que su zona de strike y qué área de la zona de strike que les hizo golpear la mejor. Ted Williams creó un sistema (y escribió un libro sobre él) para que él sepa que su promedio dependiendo de donde se lanzó la pelota de béisbol. Sabía dónde debe y no debe oscilar. Si sólo nos dieron 20 oscilaciones en la vida, nos gustaría tener cuidado con lo que giraban en y ser más estratégica.

Si conoce su zona y lo que es bueno, que aumentará su probabilidad de éxito.

No es algo que se llama una "ética de trabajo inmigrante", y cuando se mira a las personas que no nacieron en este país, que tiene una unidad adicional.

Vienen a Estados Unidos para lograr más y prosperar, ya de vuelta en la casa se fueron, su vida se coronó a cabo. Se cerró la puerta detrás de ellos y no tienen más remedio que ir hacia adelante para tener éxito. Se dará cuenta de que tienen una energía y apreciación de vida diferente; que son más grandes soñadores, y hacer las cosas.

No estoy diciendo eso si nació aquí, tiene que trasladarse a otro país, vivir allí por un tiempo, y luego volver a tener esta misma ética de trabajo. Es algo que se puede estudiar. Incluso se ve en el deporte con personas que vienen de una infancia dura o crecieron en un área difícil. Tienen más Pep en su paso. Luchan más difícil crear una gran vida para su familia. Son compatibles todos los días y no renuncian a toda costa. Recuerdo que cuando tenía 23 años, me fui de mi casa sólo porque necesitaba ese empujón extra. A los 24 años, me mudé a mi primera casa y sentí lo que era para pagar grandes facturas. Que empuje a veces enciende un fuego en ti para salir y aplastarlo. Mientras que en Vermont que estaba en el asiento del copiloto mirando las hermosas corrientes de agua y la nieve ya que mi hermano estaba conduciendo. Vi a aquellas corrientes como se asemeja a la vida. Durante todo el invierno, había nieve y hielo en la parte superior, pero bajo que el hielo, el agua se sigue fluyendo. A medida que el clima se hizo más cálido, el agua y su poder comenzaron a empujar el hielo de distancia. A pesar de que el agua es suave, su fuerza está en su movimiento constante. A veces es necesario ser paciente como las estaciones de cambio de vida para que pueda mostrar su verdadera fuerza, al igual que esa corriente. A veces, los obstáculos de hielo pueden sentir irrompible, pero tienen fe una nueva temporada está llegando que le permitirá quitar el hielo con eficiencia y el trabajo constante. Su temporada va a llegar.

Actitud

Su actitud controla la altitud en sus ingresos, en sus sueños, y en las personas que le rodean. Hablo mucho sobre esto cuando hablo de las rocas de crecimiento personal y espiritual, sino como alguien que tiene objetivos a alcanzar, debe permanecer fresco, tranquilo y recogido a través de la adversidad. Al momento de escribir este libro, estoy pasando por algunos problemas personalmente y en los negocios, y he optado por aplicar estos prin- cipios a mi propia vida. No se puede saber a alguien a tener una gran actitud si usted es siempre hacia abajo. Usted debe tratar de incluso tener una gran actitud hacia ENEMIGOS. ENEMIGOS significa Tener ira hacia todos Alcanzar el Éxito. Sea agradecido para las personas que SUP- puerto ti y los que tal vez no lo hacen. Mi mejor amigo me dijo una vez,

"Steven, si quieres hacer feliz a todos, va la venta de helados!"   *-Bryan Lewis*

Las personas que se "aplastan" en la vida para

hacer una diferencia en este mundo, no tienen tiempo para chismorrear. Están demasiado ocupados haciendo una diferencia y una marca en la sociedad. Aprender a mantenerse en su carril a lo largo de este viaje y algunos se unirán al paseo, mientras que otros continuarán de quejarse de la carrera. Tenía un amigo recientemente me envía esta cita "Las mismas personas que llevaron a que el dolor comprobar su página para ver si eres feliz." Tratamos de impresionar a todo el mundo en todos los sentidos, pero al final del día, no se puede complacer a todo el mundo, y lo que necesita para ser feliz. Su actitud es como un precio etiqueta; que muestra lo valioso que eres sin la aprobación de todo y de todos.

"Tú mente o el espíritu, ya sea en la vida es como un océano o un estanque; será ya sea en bruto o en calma. Tu eliges."

Sueños

Miguel Jordan dijo: "Algunas personas quieren que HAP pluma; Algunas personas desean que suceda; algunas personas lo hacen posible ".

Mis sueños siempre han sido lo que me ha empujado, incluso hasta nuestros días. No sé dónde todo va a ir con este proyecto, incluyendo el libro, página web, podcast, Caridades impacto del proyecto, y la marca de siete Roca vida, pero oro que deja un impacto para la sociedad para ayudar a la gente a vivir mejor. Estoy muy emocionado de que el

50% de todos los libros vendidos y cada elemento PUR perseguido en SevenRockLife.com será donado y volverá a los menos afortunados. Si Dios le da abundancia, no lo mantenga sólo para ustedes mismos. ¿Es capaz de obtener algunas de esas cosas sueño que quería? Por supuesto, conseguir algunas de esas cosas fuera del camino, simplemente no dejar que ellos son dueños de su deseo o pose PUR. Al crecer, recuerdo que mi padre con frecuencia diciendo que, si te gusta algo en la vida, el trabajo duro, hacer más dinero, e ir a comprar la misma.

Creo que los sueños son como el combustible para su coche. Muchos nosotros tenemos un coche listo para ir, pero el tanque de combustible está vacío o tiene el combustible equivocado. Pero cuando lleva el combustible adecuado, se convierte en un vehículo que pasa.

Tal vez que el combustible es impactar las vidas de otros, o de su familia, esposa, niños, coches, barcos, etc. Sin embargo, algo tiene que alimentar a conseguir que va. He descubierto que las personas que carecen de energía y entusiasmo carecen de sueños. Me ha tomado 31 años de experiencias de vida con altos y bajos para llegar a este punto de la creación de este libro. Sólo me tomó un par de meses para escribirlo, pero necesitaba que el combustible para ponerse en marcha. ¿Quién sabía que mi punto más bajo en la vida sería el momento perfecto para escribir en él? ¡El mayor obstáculo que pueda tener con sus sueños es lo que necesita para asegurarse de que sus sueños son lo suficientemente grandes para que pueda incluir a otros en ella! Encontrar algo que le da la pasión todos los días, porque nunca se quiere a "trabajar a tiempo completo y vivir una vida a tiempo parcial."

"Si su sueño no puede adaptarse a nadie más, entonces es pequeño. Es un sueño egoísta, y estarás solo ".

Recuerde que todo loen este mundo, antes de que se produjo, fue pensado en mente o sueños de alguien y luego ejecutado. Dicen que el # 1 cosa que la gente trae a la tumba es todos los deseos y sueños que nunca se hicieron realidad, todas las veces que no has dicho *Te amo o lo siento* a causa de la ira. No vivas una vida de remordimientos. No siempre siente que es demasiado viejo o no digno de lograr algo. Su creencia y los sueños son tan importantes. Steve Harvey tenía 38 años cuando tuvo su oportunidad para la televisión, Sylvester Stallone fue Rocky 30 cuando fue puesto en libertad, el coronel Sanders de KFC tenía 65 años cuando finalmente "lo hizo", y Abraham Lincoln convertirse en presidente a los 51 años de edad, después de ser uno de los hombres más derrotado en el mundo. A veces, es necesario un evento o algo suceda para forzarlo a salir y comprar los sueños que siempre quiso. A veces, nuestros primeros sueños de la vida son sólo un proyecto, conseguir que nos listo para la cosa real.

"La mayor aventura que puede tomar es vivir la vida de sus sueños ".

-Oprah

Escribí este poema a los 15 años, y mi increíble hermana lo puso en papel en mi sala de pesas mientras crecía donde lo miraba todos los días.

Grande ideal y el sueño menudo

Algunos no
algunos no
pueden
Algunos lo
hacen un poco
de lata
Lo que importa es que si
usted intenta ser lo que
puede ser la de
hacer lo que puede
hacer para ser quién eres
Es usted quien toma la decisión
dese quién eres
O para hacer lo que quiera
Nadie está a cargo
¡De lo que eres y
lo que quieres!

por Steven Mazzurco (15 años de edad)

Examen

Valorar esta roca por sí mismo en una escala del 1-10.

____

____

¿Cuál fue su parte superior para llevar de este capítulo?

____

____

¿Qué deficiencias tiene usted en esta roca?

____

____

¿Cuál es su plan de juego y la acción para corregir estas deficiencias?

____

____

6

ORGANIZACIÓN

Muchas personas hoy en día sufren de ansiedad; Yo digo que es más de un "problema de desorden." Me explico. Demasiado a menudo nos abrumado con demasiadas cosas. Cuando todos sus pensamientos están en su mente y no organizados en el papel delante de usted, usted se siente desordenado y abrumado. organización personal es una de las mayores influencias en su éxito y felicidad. Sus habilidades personales y sistemas de organización ayudan a sentirse más plena, TiVo productividad y alcanzar un estado mental de bienestar general. Lo que es más fácil ir a través; ¿bosque con muchos árboles y una gran cantidad de arbustos o uno que ya se han retirado?

¿Creció en una casa donde el garaje era un desastre, y cuando se necesita una herramienta, no se pudo encontrar? Si utiliza algo, poner de nuevo en el mismo lugar. Cuando crece la hierba alta en un campo, se hace difícil caminar y no puede ver el perro que se ejecuta en el mismo. Es necesario mantener y que sea breve o errores de empezar a entrar en razón.

La planificación para el futuro es importante, pero la planificación para el presente está sucediendo hoy. A veces planeamos tanto para el futuro que olvidamos el presente. Cuando se conduce un coche, introduce su destino en el GPS, que rastrea dónde va y cómo llegar allí lo más eficientemente posible. Bueno, esto es lo mismo que con la organización y el establecimiento de metas y promesas. Estos pasos son clave para conseguir en pista.

"Qué que quiere en la vida no puede ser un objetivo, que debe ser una promesa a sí mismo, su familia y la sociedad ".

Aquí hay cuatro lugares para limpiar el desorden en su vida y mantenerse enfocado en lo que es importante.

Lista de quehaceres

Hay diferentes tipos de listas de tareas pendientes, y usted puede tener listas de tareas pendientes para el hogar, la vida y el trabajo. Me gustaría tener estas listas de tareas pendientes en mi teléfono y también en mi escritorio en el papel. Puse un Emoji palmera junto a cosas muy importantes en mi lista de teléfonos (palmeras me recuerdan a un clima cálido, especialmente si vive en el norte.) También, asegúrese de que su escritorio no tiene papeles por todas partes, como las que se pierda. Utilice sólo 1-2 papeles para su lista de cosas por hacer, ya que mantiene su escritorio limpio y no te abrume. Se convierte en un juego para comprobar cada elemento fuera, y se siente muy gratificante.

Yo estaba en una conferencia, y el caballero que estaba hablando estaba hablando de su equipo de ventas y la lista de tareas que utilizan. Cuando llega el momento de enviar algo, dice: "¡Haz clic en la lista!" Haz que tu lista de tareas sea divertida y productiva. Haga su tarea pendiente enumerar divertido y productivo. Me gusta tener una lista de 15 o menos con los elementos principales que son los más importantes. Deben estar en una hoja de papel para que no se dejen confundir. Si tiene demasiadas listas, papeles o recordatorios en su teléfono, podría volverse loco.

Aquí hay tres áreas para añadir a su lista. Cosas se puede organizar su armario, garaje, o en cualquier lugar. Muchos dirán que esto es una pérdida de tiempo, pero la realidad es que perder el tiempo buscando cosas cuando no estamos organizados. Se borra su forma de pensar cuando se pone las cosas en los lugares correctos. Una gran ayuda es limpiar y tirar o donar cosas que realmente no necesita. Muchas personas se ponen acaparadores y todavía tienen cosas como los libros de texto de la escuela secundaria o su primera manta de bebé. Además, cuando se tiene a la gente, se nota que eres una persona organizada. El estado de su casa deja una buena primera impresión en la gente.

Vida cosas se un poco difícil, ya que depende de cómo consumiendo su trabajo es. Desbarataré cosas de la vida en el Top 10 a 15 cosas que hacer con el elemento superior que es el más importante. Con algo más de 15, que se dejen confundir. Lo más probable es que la lista nada después de 15 no es grave o no tiene que ser hecho de inmediato. Artículos en su lista de tareas pendientes vida podrían incluir una cita con el médico, la fijación de la materia casa, eventos para niños, registro de vehículos, cambio de aceite, pagar facturas, regalo para el cónyuge, etc.

Trabajo las cosas son proyecto so reuniones que hay que hacer para crecer en lo que sus objetivos de negocio o de carrera son. Escribir esas cosas. Esta zona, básicamente, crece su ingreso si usted trabaja eficazmente en esta área. A menudo, el hogar o cosas de la vida pueden hacernos sentir bien y consumado, pero no progresar nuestros ingresos. A veces nos quedamos atascados en esas otras dos categorías.

Notas / Ideas

Esta es una sección de diversión, especialmente si usted está creciendo personalmente o es creativo. Usted debe tener una sección separada en su teléfono / ordenador portátil para las ideas que se escuchan o imaginar. Mientras escribía este libro, me gustaría escribir las ideas o cosas que oí que encajaría bien en un sector determinado. Yo uso mi teléfono porque yo estoy en el camino mucho y sería enviar por correo electrónico las notas a mí mismo como una copia de seguridad. Escribir las cosas es el contenido que le permite aprender cosas y de proceso.

Cada vez que se oye algo que golpea a casa, anotarla para que pueda abrazarlo y sentir bien al respecto. Asegúrese de mantener esto en un solo lugar, porque si tiene demasiadas áreas de notas o ideas, que se confunde. El mejor ejemplo es como un patio de comidas, cuando hay tantas buenas opciones que no sabes cuál elegir, y que desperdician tiempo pensando cuál sería el mejor. Las notas son las cosas que le ayudarán a convertirse en una persona mejor, más eficiente en los negocios, y que mejorarán su vida. Las ideas son las cosas que le permiten ser creativo, como el cambio de marca de su sitio web, perfiles de redes sociales, fecha idea de la noche para su cónyuge, etc.

"¿Cómo se organiza una fiesta el espacio?

Tu planeta."

Calendario

Mini-pizarra o calendarios portátil normal y calendarios de teléfono son grandes para la programación. Los tableros de blanco- No se puede tomar con usted, obviamente, por lo que su libro o teléfono calendarios son necesarios. Tómese el tiempo durante la semana para organizar. Calendarios le permiten hacer su tiempo más eficaz. Si vas por la vida sin añadir a su "vida / trabajo calendario" sus acciones diarias controlarán su resultado y, potencialmente, se obtiene fuera de curso de las promesas que ha realizado. Veo a muchas personas pierden el tiempo en el gimnasio y están allí durante dos o tres horas, pero sólo pasar 45 minutos haciendo ejercicio. El resto del tiempo, que es socializar o en su teléfono. Yo aprovecho mi tiempo con eficacia tan a menudo como sea posible. Y no es sólo el trabajo del tiempo. Por ejemplo, esta semana me pasé tres horas con mis padres para el desayuno, y nos llevaron por el lugar y por el agua. Pero eso fue intencional tiempo que pasé con ellos. tiempo de calidad es mejor que la cantidad.

Usted puede pasar seis horas con ellos, pero si usted está en su teléfono, entonces usted no está realmente allí. Después de que se hizo visitar a mis padres, tuve reuniones y trabajo que hacer desde las 2:00 pm hasta las 11:00 pm, y no me registro mi teléfono una vez cuando estaba con ellos. Más tarde esta semana, voy a salir con mi pequeña sobrina y su madre durante tres horas. Que yo y su tiempo es, por lo que no se hacer otra cosa. Incluso me bloqueé en mi agenda. Otra razón por la que construí mi negocio de comercio electrónico es que quería volver a comprar los días y horas durante la semana para que pueda pasar tiempo con la gente que quiero

o hacer cosas para progresar en la vida.

Si usted tiene un cónyuge, puede vincular sus

calendarios para que esté en la misma página y las cosas no se superponen. Aprender a aprovechar su tiempo y el calendario es clave para el crecimiento en la vida. Todos tenemos 24 horas al día. Muchas personas tienen rellenos como la televisión o los medios sociales, y se aplasta la naturaleza que produce todo lo que están tratando de lograr. Me encanta cómo el iPhone le indica la cantidad de tiempo que pasó en aplicaciones; que muestra la cantidad de tiempo que realmente residuos. Los últimos tres meses, mientras que trabajan en proyectos y que no son distraídos, yo era capaz de escribir un libro, el desarrollo de dos sitios web, crear entrevistas vlog / blog, iniciar un podcast, iniciar una marca de ropa, hacer crecer mi otro negocio, una vida / negocio entrenador, e iniciar el proceso de hacer equipo con las organizaciones de Caridades impacto del proyecto. A veces, lo mejor es permitir que alguien más para mirar por encima de su horario y ver lo que las brechas se puede arreglar para ayudarle a sacar el máximo provecho de sus días y semanas. A veces no vemos las lagunas en nuestra programación y ser eficientes, pero alguien que es la voluntad de éxito. Me he dado cuenta por experiencia que cuando programe cosas como el tiempo con la familia, reuniones, gimnasio, ponerse al día con amigos, que se pone a sí mismo en una situación que no se puede hacer nada más. Que encaje en lo que comprometido con lo que nada más que distrae y te aleja de lo que haya reservado. Plan para tener éxito y crecer, o va a fracasar-es su elección. reuniones, gimnasio, ponerse al día con amigos, que se pone a sí mismo en una situación que no se puede hacer nada más. Que encaje en lo que comprometido con lo que nada más que distrae y te aleja de lo que haya reservado. Plan para tener éxito y crecer, o va a fracasar-es su elección. reuniones, gimnasio, ponerse al día con amigos, que se pone a sí mismo en una situación que no se puede hacer nada más. Que encaje en lo que comprometido con lo que nada más que distrae y te aleja de lo que haya reservado. Plan para tener éxito y crecer, o va a fracasar-es su elección.

"Reserve su calendario o su Calendario
se reserve su vida."

Limpia Vivienda / Apartamento / Car

Cuando limpiar estos, limpiar su vida. Recuerdo una vez que estaba a punto de entrar en un coche de alguien y vi bolsas de medio vacía de comida rápida que había estado allí durante semanas. Miré dentro y dije que volvería a pie. Lo que es interesante es el coche de la persona que se una correlación directa con la vida de esa persona: un desastre y confundido acerca de muchas cosas.

A veces, puede tener sentido para contratar la limpieza persona de ayudar al equipo si está en su presupuesto. Será tiempo que puede pasar construcción de su negocio, estar con la familia o los niños, o hacer otras cosas que le gustan. Si eso no es una opción, tener tiempo durante la semana para mantener su casa y sólo asegúrese de guardar las cosas de inmediato. Se construye de la nada, y entonces su lugar es un desastre, y te preguntas cómo las cosas de esa manera. ¡Te diré por qué, usted no puso las cosas de distancia! Tenemos entradas para violación es con vehículos; debemos tener entradas para las personas que dejan su hogar se convierta en un desastre. Algunas cosas están cerca de un delito grave, como nunca la limpieza de los platos o dejar la comida fuera para que su casa huele. Limpiar el desorden, y usted se sentirá mejor acerca de su vida.

"Mi vida es casi tan organizado como el contenedor de cinco dólares en Walmart."

Además, tenga cuidado de su patio y jardín. Mi hermano y yo le ocurrió una teoría, y es bastante exacta de nuestra investigación. céspedes de las personas reflejan sus vidas. Si toman el cuidado de su patio, que suelen hacer lo mismo con su vida. Sabíamos alguien que estaba haciendo bien y luego comenzó su césped ir en una bajada. Y he aquí, su vida empezó a ir cuesta abajo unos meses más tarde. Que estaban teniendo problemas con su negocio, y lo demostró en otras áreas de su vida. Esto no siempre es cierto, pero nuestra observación muestra por lo general es preciso. Cuando la gente viene a visitarte, lo primero que ven es si sus coches y casa están limpios. Se crea un ambiente acogedor, un lugar especial para usted y su familia. Además, siempre asegúrese de que su entorno está libre de polvo, ya que puede crear las alergias y las bacterias puede formar cuando no cuidar adecuadamente. Respetar su entorno, y ellos te respetarán.

Hace poco me enteré de que el vestuario realmente puede restringir su pensamiento. Cuando usted tiene demasiadas opciones o demasiada ropa vieja, que le abruma, y se pierde tiempo tratando de escoger el traje perfecto. Muchas personas de éxito se adhieren a dos o tres colores por lo que es sencillo, lo que les permite no perder toneladas de horas durante toda la vida. Incluso se puede contratar a alguien a un bajo costo para organizar su armario y le dará estilos para llevar con lo que ya posee. Tutoría en el vestir es algo que nunca sabía sobre. Me he puesto algunas cosas cobardes antes. Todavía no estoy allí o que se pusiera de moda como podría ser, pero estoy trabajando en mejorar. He aprendido que, si usted se pega con el blanco, negro y gris, podrás fresco.

Cuando la organización de su casa, tener un lugar donde poner sus llaves, zapatos, abrigo, etc. para que no pierda el tiempo en busca de ellos.

Aquí están diez puntos a tener en cuenta:

1. Escribir las cosas

2. Hacer horarios y plazos

3. ¡No se detenga

4. Dar todo lo que un hogar

5. Suprimir elementos de regularidad

6. Mantener sólo lo que necesita

7. Saber cuándo de deshacerse de objetos

8. Busque ofertas o gangas

9. Delegar responsabilidades

10. Organizarse

"Deja todo y cada situación mejor de
lo que lo encontraste."

A veces no respetamos, no sólo nuestra propia cosas, sino también nuestro entorno. Nunca tuvo sentido para mí, veo a la gente tira cosas fuera de su ventana del coche. Ellos pueden pensar que está bien porque no viven allí, pero la verdad es que todos viven en todas partes. Nuestra casa es el mundo entero, y hay que cuidar de él. Si usted alquila una casa, tratarla con respeto. Si la estancia en la casa de un amigo, cuidar los platos la habitación que estuvimos. Ofrecer a limpiar o sacar la basura. ¿Cómo usted hace una cosa es como se hace todo?

"Mis dos formas favoritas de ahorrar tiempo
tiempo son los bolsillos calientes y
sándwiches inescrutables".

Programación y hora

La programación es importante para hacer que cada día cuente. Todos tenemos las mismas 24 horas de cada día, y cuando la gente dice que están demasiado ocupados, me dice que nunca auditar lo que son en realidad ocupado haciendo. El tiempo que pasa será un activo o un pasivo. Para mí, mi tiempo activo es tiempo que paso a preguntarme si me he centrado en las siete rocas y me hice el progreso en todos los siete ese día. Si no lo hacía, me pregunto por qué y luego reorganizar mi agenda. Veamos un ejemplo del horario de hoy:

- Gimnasio (Salud)

- Nueva amistad (Relación)

- Espiritual llamado de liderazgo (espiritual)

- Facturas pagadas (finanzas)

- Tenía dos reuniones y tres llamadas telefónicas (flujo de ingresos)

- casa limpia / añadido al calendario (Organización)

- Leer esta mañana / audio (Crecimiento Personal)

Así que, por 18:27, he seguido las siete rocas. Ahora, usted puede pensar que no se puede cumplir con el trabajo en las siete áreas porque tiene demasiado trabajo. Yo llamo a eso TOB o transferencia de la culpa. Los ganadores encontrar un periodo manera. Si usted tiene niños o un trabajo, es necesario organizar mejor y aprender a externalizar más. Construí mi negocio de comercio electrónico, cuando estaba en la universidad de la División I de juego de béisbol, trabajando en una doble licenciatura, y con clases de béisbol.

"Deja de intentar ser perfecto y comienza a ser perfecto con tu ejecución".

¿Cómo utilizo mi tiempo sabiamente? Me desperté temprano para la clase, escuchando a los audios en el camino, y construí relaciones con gente nueva, entonces fui a los entrenamientos de béisbol, y luego fui a trabajar en mi negocio, me gustaría volver a casa tarde y hacer la tarea hasta el 1 : 00 o 2:00 de la mañana. De dos a tres veces al mes, me gustaría ver a mis padres que eran unos 30 minutos. Pasé un tiempo de calidad con amigos y familiares, y también pasé tiempo la creación de redes y la construcción de mis relaciones de negocios.

Siempre se puede averiguar una manera si sus sueños son lo suficientemente grandes. Si usted tenía un reloj de arena con arena que representa la cantidad de tiempo que había dejado, creo que iba a gastar su tiempo mucho más eficiente. ¿Cómo usted elige hacer esto es totalmente suya? Usted puede hacer el valor de un año de trabajo en tres meses si se concentra.

Tú debes aprender para apagar el ruido a su alrededor, ya sea amigos, familia, o sólo distracciones. Sus Bueno a poner el teléfono en modo avión, además de en el avión, mientras que usted está haciendo las cosas. El teléfono es un gran dispositivo, pero también puede ser una distracción y consumir. Las personas de éxito tratando de lograr cosas, no siempre están disponibles. Son lo que yo llamo "productivamente ocupado" y no siempre estar allí porque están haciendo un impacto en este mundo. No sea demasiado disponible y aprender a decir que no. Puede ser difícil, pero no fue capaz de hacer que cada evento familiar. Al principio, ellos no lo entendieron, pero ahora ven la vida que puede producir. Se tomó el tiempo en tener éxito para cambiar su perspectiva.

"La gente planificar y preparar más para unas vacaciones a continuación, lo hacen por sus vidas."

Outsourcing y Tecnología

En el mundo de hoy, nuestra vida tecnología realmente ha hecho las cosas más eficiente. Como he explicado anteriormente, es necesario utilizar tecnología para tomar decisiones de activos, no decisiones de responsabilidad. El tiempo es el más grande de la moneda de la vida, por lo que necesita saber cómo se puede comprar de nuevo. Algunas formas de recompra de su tiempo incluyen:

- Ordenando comida en una aplicación o mediante empresas de preparación de comidas

- Contratar a personas de la limpieza

- Contratar empresas de mantenimiento del césped

- Externalizar sus proyectos de la empresa

- Utilizar recordatorios en su teléfono

- Utilización de su ordenador para escribir un libro, educarse a sí mismo, o efectuar un trabajo para

- El seguimiento de su dieta ser saludable

- Contratar a una niñera

- Utilizar los servicios móviles

- Reserva un vuelo en línea

- Escucha podcasts o audiolibros para adquirir conocimientos, mientras que en su coche

Usted consigue el punto de cómo volver a comprar tiempo o hacer su vida más eficiente. Aprender a externalizar las cosas que no son buenos en o lo que toma tiempo se puede pasar la creación de más ingresos. Todo esto es parte de la organización. Ordeno cosas en Amazon, y me ahorra muchas horas de compras. Incluso tengo mis artículos para el hogar, artículos de tocador y productos de salud entregados cada mes a mi puerta. Me encanta, es como Navidad cada mes.

Como Estoy escribiendo este libro hoy en día, las personas de la limpieza pasaron tres horas limpiando la casa como lo hice una sesión de ejercicios en el gimnasio, construyeron una nueva relación, se reunieron algunas personas nuevas, hicieron una videollamada con mi consejero espiritual, y la llevaron de vuelta a casa mientras escuchar un podcast y teniendo una llamada telefónica. Si usted tiene un horario de 9-5 para el trabajo, entonces sus horas antes y después de que son clave para su éxito. Tal vez usted tiene descansos entre, y que es capaz de trabajar en las cosas, entonces también. Los ganadores encontrar un camino y no llegan a casa y relajarse; aplastan a vivir esa vida próspera.

Voluntad hay haber momentos en que necesita para cortar y disfrutar? Por supuesto. Eso podría ser un pasatiempo, película, o el tiempo con amigos o familiares. Sólo asegúrese de que trabajar en ese equilibrio y no dejar "salir" hacerse cargo de su tiempo. Me di cuenta en el mundo de hoy que: El nuevo entretenimiento es aprender a ser mejor y hacer un impacto en la sociedad.

A menudo tratamos consumir demasiadas cosas en la vida y no saben cómo delegar. Las empresas que tienen este problema no puede crecer. Pero incluso a nivel personal, usted necesita aprender cómo delegar a prosperar. Sí, hay cosas que usted puede disfrutar haciendo. Por ejemplo, yo como cortar mi propio césped. Es relajante para mí hacer esas líneas rectas. Algunas personas no se sienten de esa manera. Por supuesto, sólo me toma 30 minutos para cortar el césped. Si se necesitaban tres horas, me gustaría contratar a alguien en un latido del corazón. Esto se basa en su presupuesto, pero si lo hace actividades que producen ingresos durante ese tiempo, usted ganará de nuevo.

" Tu cerebro es como una casa vacía que te permite diseñar tu vida de la manera que quieras. Pero si ya está amueblado y desordenado, es difícil imaginar lo que puede ser ".

Rellenos

Eliminar el desordenen su vida es clave para Tu éxito. Creo que las mayores distracciones de hoy son la televisión (incluyendo video en línea como Netflix, Amazon Prime, y YouTube), medios de comunicación social, y chisme. Te reto a que te deshagas de todo esto durante dos semanas y llenes ese tiempo extra leyendo más, escuchando audios positivos o educativos, construyendo mejores relaciones fuera de línea y trabajando en las Siete Rocas de la Vida. Te garantizo que se sentirá mejor. Los rellenos son lo que te hacen pensar que son productivas, pero usted es productivo para el sueño de otra persona, no en sus propias metas y sueños. Si alguien está corriendo y mira constantemente a su oponente, es probable que pierden porque son tan preocupados por su competencia.

Aprender para mantenerse en su carril. Los agentes de relleno en su vida, incluso puede ser la familia y amigos. Sí, son muy importantes, pero hay que controlar su tiempo. He dicho esto antes, pero incluso mientras escribo esta parte del libro, mi teléfono está en modo avión, así que no tengo distracciones. Muchas pequeñas cosas que incorporar en su vida permiten que su mente sea extremadamente eficiente. ¿Alguna vez se ve un atleta profesional en su teléfono durante un juego?

"Construye un estilo de vida o mira a otros disfrutar de su estilo de vida".

Puede que no sea un atleta profesional competir en un juego, pero todos los días se está compitiendo para darle a su familia y otras personas una vida mejor. Dejar de permitir que los rellenos que poseen. Durante el verano, se puede pasar mucho tiempo en la playa, pero al final del día, ¿es lo que quieren estar en una playa local o viajar a las playas de todo el mundo? Todo es acerca de elecciones. tiempo de relleno es un relleno temporal que finalmente se convierte en vacío. Usted necesitar mirar esas lagunas en su horario y preguntar cómo se puede llenar este vacío con acciones que producen resultados de activos, no los resultados de responsabilidad.

En concluir este capítulo sobre la roca de la organización y el despeje del desorden de su vida, es importante entender que se trata de lo que haces en la preparación que le permite ser eficiente. Con un determinado proyecto o meta, preparando para ello es clave para que cuando se hace todo, no es todo mezclado se armó mal. Si intenta armar un rompecabezas con ningún modelo, sale mal o necesita más tiempo. Voy a compartir un secreto que tengo un problema de explosión de la maleta. Yo estaba en un viaje con mi hermano no hace mucho tiempo, y me preguntó si quería poner sus cosas por mí. Dijo que no hay manera porque mi maleta siempre explota. Yo no lo creo, pero esa noche se demostró que estaba bien cuando mi maleta explotó en todas partes. Esa es un área de organización Todavía estoy trabajando en la actualidad. Incluso cuando yo me vaya;

Su un proceso sin fin de obtener su vida organizado. Ve a lo que las brechas se pueden mejorar. No trate de ser perfecto, ya que se vuelven locos, pero en lugar de aprender a tener un equilibrio para que se sienta bien acerca de su vida. Tómese el tiempo para poner las cosas en orden y tener una estrategia correcta.

Mientras trabajo en todos mis proyectos, que tuvo unos 90 días para crear mi página web, escribir un libro, podcast, la marca de ropa, la caridad, la tutoría de personas en la vida empresarial y viven mis siete rocas de la vida que tenía dos grandes amigos preguntan cómo lo hago todo. Respondí de la siguiente manera:

- Cuando los demás están durmiendo, estás despierto

- Cuando otros se quejan, usted está resolviendo problemas

- Cuando otros están hablando de celebridades, estás hablando de las personas que a las que ayudas.

- Cuando otros hablan de lo que hicieron en el pasado, estás hablando de lo que está haciendo en el futuro,

- Cuando los demás están escuchando a la música, que está escuchando podcasts para aprender

- Cuando otros están leyendo revistas, estás libros que hacen que su mente más aguda lectura

- Cuando otros se consumen-yo con ellos mismos, lo que das a otras personas que necesitan ayuda

- Cuando otros se quejan del tiempo, gracias al universo por la vida y el agua

- Cuando otros están pidiendo a los amigos y los padres para el consejo, que está pidiendo a Dios o un gran mentor lo que se viene

Examen

Valorar esta roca por sí mismo en una escala del 1-10.

____

____

¿Cuál fue su parte superior para llevar de este capítulo?

____

____

¿Qué deficiencias tiene usted en esta roca?

____

____

¿Qué es su plan de juego y la acción para corregir estas deficiencias?

____

____

7
CRECIMIENTO PERSONAL

Cuando interior de una casa. Si el exterior se ve bien, pero no hay muebles adentro, estará muy vacío. Crecimiento es como el interior de una casa. Si el exterior se ve bien, pero no hay muebles en el interior, será muy vacío. El interior de nuestro corazón, espíritu y mente necesitan atención para crecer y progresar. O estamos sobreviviente o próspera. Creo que la curiosidad de aprender es clave para el verdadero progreso. Ser curioso acerca de las personas y la vida es fascinante. Conociendo un poco acerca de muchas cosas le ayuda a tener grandes conversaciones. Cuando estás mentalmente estimulados y no distraído, se empieza a tener una perspectiva de sí mismo. Yo pensé dejamos demasiadas distracciones nos impiden descubrir nuestro verdadero yo. a continuación, tratamos de vivir nuestra vida y caminar con una máscara que no es verdaderamente nosotros, al igual que en la película, La Máscara, con Jim Carey. (La única parte que me dio miedo en esa película cuando era pequeño perro que se puso la máscara verde en. Todavía tener pesadillas sobre eso.)

¿Alguna vez has sentido como si tu viera un gobernador en la vida, algo que limita su velocidad como utilizan en los karts que aminore su velocidad para que las personas que actúan de manera irresponsable no se vayan fuera de control? Lo mismo sucede en su vida, ya que no se están convirtiendo en su verdadera identidad. Yo recomiendo crear un documento de identidad. Esta es una carta escrita por usted que hace que te das cuenta de lo que su verdadera misión en la vida. También le da un código de conducta de la forma en que desea operar, lo que su carácter y los valores son y lo que representan.

El retrato de su vida

Las cuatro cosas que queremos:

- Aceptación

- Identidad

- Seguridad

- Propósito

Queremos Para ser aceptado, pero tenemos que

aceptar nosotros mismos primero. No hay que vivir en la vida de otros, porque esto se convierte en un lugar peligroso para estar. Sé que para mí ha sido un tiempo de comparación que realmente me ha herido. Comparamos vidas, miradas, cuerpos, coches, y las relaciones, y que afecta a nuestra propia identidad. Se mira a los medios sociales, al igual que muchos están haciendo, que luego se haga daño a su autoestima personal.

Debes ser capaz de amarse a sí mismo en este momento para un gran avance a punto de suceder. Es como las estaciones del año. Necesitas para disfrutar de invierno, cuando estás en ella, ya que, después de eso, primavera y verano vienen. Y entonces la gente empieza a quejarse de que sea demasiado caliente durante el verano y quieren caer, pero luego se enojan el frío viene, cuando tan sólo unos meses antes de que se quejaban por el calor que hacía. Usted sabe que hayas hecho esto, y también lo han hecho I.

Cuando se piensa en la palabra "Identidad" se está convirtiendo en algo y, a veces averiguar lo que realmente son y lo que se trata. Tal vez usted recuerde como un niño cuando cada pocas semanas o tal vez tus amigos en la escuela media o alta se vestían en diferentes estilos como el punk, de muy buen gusto, gamberro, o inguinal. No estaban seguros de que la identidad le ayudaría a encajar en la sociedad. Su identidad es su verdadera preciada posesión. Recuerde, un perro no intenta actuar como un gato porque conocen su verdadera identidad. A veces, dejamos que la sociedad elija nuestra identidad en lugar de permitir a Dios que nos ayude a encontrar la misma. A veces en su vida, puede que tenga que ir de compras para su identidad de esta manera se puede tener una nevera dentro de ti para que otros usuarios se sentirán llenos a su alrededor, ya que realmente se sienta lleno de ti mismo.

"Tu identidad es como tu pasaporte. Si lo pierde, quedará atrapado en el mismo lugar ".

Anclarse en su identidad. Recuerdo que durante el verano yo estaba con mi mejor amigo en California con otros dos amigos, y estábamos en un barco que alquilamos. ¡Decidimos ver el espectáculo aéreo de Huntington Beach, y fue increíble! El único problema que tuvimos antes de que nos instalamos en era que había más de 1.000 barcos allí, por lo que se mueve alrededor era difícil, pero encontramos un lugar para alojarse y muy agradecidos que era un día tranquilo.

Cuando llegamos a nuestro lugar, el botón de ancla en el barco no funcionaría. Terminamos tener que dualmente causados por el hombre poner el ancla y cadena abajo de 60 pies. Cuando terminamos, pensamos que todo preparado, pero luego empezamos nuestro bote a la deriva lejos de nuestro lugar original justo cuando estábamos listos para comer y disfrutar del espectáculo. Empezamos a derivar hacia otros barcos con el arrastre del ancla. Las chicas se reían y preocupada por el mismo tiempo que empezamos a entender las cosas. Tuvimos que recoger el ancla una copia de seguridad, obtener el barco de vuelta en su lugar y vuelva a intentarlo para que pueda coger. Después de probar cinco veces, finalmente conseguimos el ancla para permanecer en el lugar adecuado y agarrar el fondo del océano correctamente. El trasfondo era fuerte y moviendo el anclaje demasiado para nosotros para alojarse en un solo lugar.

A lo largo de este camino de la vida, tenemos corrientes que a veces cambiar nuestra identidad porque no estamos anclados en lo que realmente somos. a veces tenemos que levantar el ancla y colocarlo en el área de la derecha para que se fije en la forma en que se necesita. Cuando usted está firmemente enraizada en la vida con lo que eres, a dónde va, y que está a su alrededor, su barco será sólido y no se mueva ni cambie con las tormentas de la vida.

"Aprende a ser el conductor de tu vida. ¡A menudo dejamos que otros conduzcan en lugar de nosotros pintando el retrato de la vida que siempre quisimos!

Foso

Un foso es una zanja profunda, amplia que rodea a un castillo, fuerte, o pueblo, por lo general lleno de agua y pretende ser una defensa contra el ataque. ¿Cómo se relaciona esto con el crecimiento personal? Usted tiene que averiguar cuál es su fosa es que le protege de las fuerzas externas que pueden tratar de tomar su paz, la felicidad o la identidad. El castillo es usted, y su crecimiento personal es el foso que lo protege de estos problemas externos. A veces, necesita ser atacado o que ocurra algo que lo sacuda para obtener el foso que realmente necesita. El castillo que es la mente y el alma es clave para su vida plena de la verdadera alegría. El trabajo en que la protección de todos los días, también, y que será la cosa que le hace destacar en comparación con todos los demás a su alrededor. Aquí hay algo que me di cuenta recientemente de que todos tenemos dos cuerpos en la vida: nuestro cuerpo físico y nuestro cuerpo emocional. El reto es que dejamos nuestro cuerpo emocional puede conectar a nuestro cuerpo físico, por lo que la gente a veces adormecer su dolor con drogas o alcohol. Nuestro cuerpo físico no está haciendo daño, es nuestro cuerpo emocional que nos está dando dolor. Si usted aprende a separar tanto, se va a construir un foso que lo diferencie de los demás. Usted no va a permitir que las presiones de la vida a afectar a su hermoso castillo que han trabajado tan duro para construir.

Entonces, ¿cómo se puede ir sobre el crecimiento personal?

La actividad principal es leer libros todos los días se inspiran en diferentes áreas de la vida, ya sea en relación, negocio, espiritual, o la fortaleza mental, es necesario para fertilizar su mente con el buen pensamiento constante. Contaminamos nuestro cerebro con malas noticias, espectáculos, o cosas que leemos, y duele nuestro entorno.

La siguiente cosa que recomiendo es escuchar a grandes audios o podcasts que inspiran o proporcionan valiosa de conocimiento capaces. Recuerdo haber oído una historia sobre dos hombres que fueron a cortar leña. Ambos habían utilizado antes ejes. Un tipo dijo que iba a la tienda a comprar un afilador, el otro dijo que era una pérdida de tiempo. El tipo que compró el afilador regresó y encontró que el otro no se hizo ni a la mitad. El tipo con quien mantuvo su hacha afilada se llevó a cabo una hora antes que el otro, a pesar de que dejó de ir a la tienda. Entró en la casa, se calentaba, y tenía una bebida. Agudizar su mente y el crecimiento personal con la sabiduría, y va a vivir una vida que es más eficiente y le ayuda a obtener a través de él con mayor facilidad.

Lo que puede hacer para el crecimiento personal es asistir a eventos visitar a las personas que están por delante de usted en la vida. A veces tenemos miedo del cambio, pero al final, necesita cambiar su código postal para avanzar. ¿Alguna vez ha trabajado con alguien que era más fuerte que usted y usted va a tirar o levantar el peso y simplemente mirarlos y decir: Amigo, ¿por qué tanto peso?" Esa es su señal de que necesita trabajar más duro.

Ambiente

Invertir tiempo y dinero que va a seminarios o las oportunidades de creación de redes estar cerca de los mejores jugadores. Como los niños, invertimos en ligas deportivas y lecciones, pero cuando nos hacemos mayores, nos olvidamos de invertir en lo que nos ayuda a hacer mejor en el deporte de la vida. Recuerde que la mentalidad de la inversión frente a la mentalidad gasto. Estas tres cosas son clave para ayudar a hacer crecer, y hay muchas organizaciones y contenido en el Internet para que pueda actualizar su software cuenta con la información correcta. Muy a menudo tratamos de operar en un software que no ha sido actualizado en años.

Usted se dará cuenta de que las conversaciones son mejores no superficie conversaciones nivel; que son las conversaciones que le hacen sentirse bien, tener un propósito, y no se refieren a lo mismo de siempre. Estoy realmente cuidado con quién y lo que se pone en mi mente. Usted trabaja duro para que sea fuerte, por lo que desea mantenerlo en pista. ¿Por qué dejar que alguien destruya su césped perfecto en el que trabajó tan duro? He visto a la gente a crecer personalmente, pero con el tiempo ir cuesta abajo todo debido a la asociación. Cuando te juntas con personas que lo hacen sentir incómodo en el buen sentido, es porque te empujan a ser mejores.

"¿Cómo tratas a los demás es un reflejo directo de cómo te tratas a ti mismo".

El amor propio, de una manera humillante, es muy importante. El ambiente que emiten en la vida afectará a la tribu a su alrededor. Para mí, en ciertos momentos de mi vida, realmente no me gusta que me estaba convirtiendo. Se mostró en la forma en que trataba a la gente; Estaba siempre temperado corto. Tener la gracia y la empatía hacia los demás es importante, pero cuando ni realmente amas lo que eres, a dónde va, y la gente lo están haciendo con, la vida se vuelve vacía.

Charla con uno mismo

El idioma que usa al hablar de sí mismo o los demás también es muy importante. Cuando estaba jugando béisbol, si yo no hablaba afirmaciones positivas, mi juego era mucho peor. Vi a los jugadores con gran talento que hizo mal a causa de su actitud y autoconversación, diciendo cosas como: "soy muy malo, no soy bueno, nunca puede obtener un descanso", etc. Estas cosas que hablamos en el universo son fuertes y pueden herir a cualquiera o todos nosotros y ayudar a nuestro alrededor.

Mira hasta "Dr. experimento de agua de Emoto," y verá cómo las palabras de gran alcance pueden incluso cambiar el agua y cómo se ve. Es realmente notable. Nuestros cuerpos consisten en 60% de agua, por lo que las palabras que elegimos pueden tener un poderoso efecto sobre nosotros. La vida o la muerte está en el poder de la lengua. Tenga cuidado con lo que se dice sobre sí mismo y aprender a practicar ejercicios que enseñan el diálogo interno. Usted puede sentirse raro al principio, pero muchos atletas y personas de éxito hacerlo. Intenta cada día durante siete días seguidos de despertar y hablar cosas positivas durante cinco minutos, y verá una diferencia en cómo se siente y su actitud.

Seis Necesidades Humanas

Anthony Robbins habla de seis necesidades humanas que todos deseamos:

1. Certeza

2. Incertidumbre / Variedad

3. Significado

4. Amor y Conexión

5. Crecimiento

6. Contribución

Vamos a hablar de certeza en primer lugar. En la vida nos gusta saber que podemos controlar algunas cosas, ya sea en nuestro coche a partir de la mañana, que me paguen el viernes, a sabiendas de su perro le gusta que no importa lo que, tener agua caliente en casa, o comida en la nevera. La mayoría de las veces, no nos gusta la variedad; queremos consistencia. No estaríamos muy contentos si cada día que despertáramos fuera un lanzamiento de moneda en cuanto a si nuestro auto arrancaría o no.

Incertidumbre puede ser como un juego de deportes en los que, si se sabe quién va a ganar, es aburrido. Otras cosas podrían ser una sorpresa a su familia o amigos lo hacen para usted, como una fiesta. Nos gusta que disfrutar y que la incertidumbre a veces, especialmente porque nos sentimos amados. Incluso podríamos disfrutar de preguntarse cómo reaccionará la gente a un proyecto en el que hemos estado trabajando, porque hemos trabajado duro y disfrutar de una respuesta positiva para nuestros logros.

Significado es algo que todos los seres humanos desean. Recuerde, los dos días en los que mueren son el día de su fallecimiento y al día su nombre nunca se dice de nuevo porque nunca se ha hecho una diferencia en este mundo. Nos gusta hacer un impacto, ya sea para la sociedad, la familia, los amigos, o simplemente el mundo en general. Akon es un gran ejemplo de esto, donde tomó su fama y dinero como cantante y lo utilizó para construir una red de energía solar en África para suministrar electricidad a los que no la tienen. Nos encanta ese tipo de significado.

Incluso si usted tiene la oportunidad de ayudar a otros en necesidad en el lado de la carretera, a veces vamos a salir de nuestra manera de ayudar a otra persona más que nosotros mismos. Héroes son recordados, como el 9/11, porque habían hecho un impacto tan grande en servir y ayudar a otros. Usted estaba orgulloso de ser un respondedor que trabajaba ese día. Esa es nuestra forma de actuar, y nos hace sentir bien. Impacto del Proyecto y otras organizaciones benéficas están a punto de impactar vidas y guardándolos y recauda dinero para ayudar a aquellos que lo necesitan para alimentar a las personas o construir escuelas.

Amor y la conexión son como el calor durante el invierno. Nos hace calor. ¿Quién es más feliz de ver que cuando llegue a casa, su cónyuge o su perro? La razón por la que amamos las mascotas es que nos aman incondicionalmente, aun cuando olemos mal. No funciona de esa manera entre los seres humanos, por desgracia. Cuando desarrollamos fuertes lazos con amigos o familiares, conectamos como una cadena, no sólo una cuerda. Nos esforzamos para aquellos genuina conexiones como seres humanos.

"El concierto de la vida no es la misma cuando es por sí mismo ".

-Vinny Mazzurco

Nosotros disfrutar de un crecimiento que amamos el progreso como seres humanos. Progresando es lo que nos hace felices. El logro nos mantiene en marcha, y cuando dejamos de avanzar, nos ponemos manos. Para mí, cada vez mayor en las siete rocas de la vida ayuda me siento realizada. No siempre es fácil, pero es algo que me esfuerzo.

Contribución está a punto de dar vuelta y ser capaz de ayudar a otros a vivir mejor. No es lo que se da a las personas; que es lo que se ve en la gente que importa. Esto incluye salir de su manera de ayudar a un amigo o ayudar con una organización benéfica. Contribución crea resultados algo ayuda a avanzar.

> "El amor y la conexión son como el océano
> y la reunión orilla. El amor es el océano y
> la tierra es la conexión, y juntos se mezclan
> ".

Controlando su estación de radio

Al obtener el control de su mentalidad y actitud, su sentido de la vida comienza a progresar. Digamos que usted tiene niños en el asiento trasero y tienen acceso a los controles de radio. A pesar de que son pasaje- ros, que tienen control sobre lo que se toca en la delantera también. A menudo que los demás tienen el control sobre nuestra mente. Tienes que ser capaz de controlar la radio y no dejar que otros a cambiar su actitud. Llegar a ser fuertes y controlar el tiempo en su vida.

Creciente, mi padre decía: "Es un hermoso día soleado" incluso cuando llovía porque se dio cuenta de que el tiempo fuera no debe controlar el clima dentro de su mente. Durante la mayor parte de mi vida, dejo que el ambiente exterior a mi entorno de interior. Si está nevando y frío fuera, ¿por qué hace que tiene que ser la misma dentro de su casa? Si mantiene sus ventanas abiertas, entonces será frío, pero si los cierras, el calor va a permanecer en el interior. Ser lo suficientemente fuerte en su interior la ingeniería que sus asuntos ajenos no le derribar.

"Aprender para controlar el suministro de noticias de su vida, por lo que está viendo cosas que realmente se cumplan ".

Conocer sus lagunas

Cuando se piensa en los agujeros o desnivelasen la vida, estos son los lugares en los que se hunden en o caída. A menudo, estas deficiencias pueden ser nuestras propias personalidades. Se ha dicho que, en promedio tenemos alrededor de siete a diez personalidades que aparecen en ciertos momentos de nuestra vida a partir de situaciones. Algunas ejemplo de estas personalidades pueden ser:

- Militar

- Debilucho

- Nutrir

- Gerente de negocios

- Perfeccionista

- Mariposa social

No hay nombres específicos para estos rasgos, por lo que puede crear sus propios nombres para describir lo que está pasando. Algunas personalidades son buenas, y otros necesitan para detener a aparecer. Puede auditar ellos para ver cuáles necesita para disponer y cuáles debe cultivar.

Por ejemplo, si su personalidad militar se utiliza a menudo con sus hijos, esto puede hacer que se resienten usted y hacer que quieran hacer lo contrario de lo que diga o demanda. También pone miedo en ellos y construye una desconexión en el que no se abrirán para usted. Se podría tratar de ser más protectoras y acercarse a ellos con un enfoque de amor pero severo que ganar su atención más. Es posible que tenga la gente en su vida que te pase por encima, y tal vez es porque eres cobarde y asustado. Tal vez usted necesita para ser más fuertes y aprender a comunicarse con fuerza, sino también con la gracia también. Aprender a ser asertivo cuando se necesita en la vida, pero de la manera adecuada. Hay algunas grandes pruebas de personalidad que puede tomar que le permiten descubrir sus tendencias de lo que eres como un individuo.

"Nosotros tomar pruebas para aprender sobre ciencias de la tierra, pero nunca tomar una prueba para aprender lo que somos como un individuo."

Un gran libro para leer es mi Personalidad por Florence Littauer. Ella describe cuatro temperamentos de personalidad:

- Optimista (Animada, optimista, sin preocupaciones)

- Colérica (meta-orientado, enfocado, le gusta el control)

- Melancólicos (tradiciones amor, muy ordenada, precisa)

- Flemático (persona, amante)

Descubrirlo que hay debajo del capó de su cuerpo, mente y alma. Ver cómo funciona, qué áreas se puede mejorar, y cuando se presentó.

Conociendo su temperatura

Quiero que piensen en el aire libre, donde se encuentra ahora mismo. ¿Hace frío o calor? Si está en el interior, más probable es que hay un termostato que con- troles de la temperatura. Pero cuando se mira fuera, que no se ve un termostato. Si las puertas y ventanas están cerradas, entonces la temperatura exterior no debe afectar a la temperatura en el interior. Pero si hace frío fuera y la puerta está abierta, más probable es que el calor se encenderá para conseguir la habitación de nuevo a la temperatura correcta.

Nuestra actitud es como un termostato; que sólo ha afectado si dejamos que algo de fuera de nosotros encontramos en el interior para cambiarlo. Tenemos que establecer la temperatura adecuada en nuestra vida y no ser tan controlado por el clima exterior o personas. Necesitamos regular nuestra vida adecuada para asegurarse de que nuestro regulador interno no se enfríe demasiado y se mantiene a una temperatura lo suficientemente caliente como para mantenernos en movimiento.

"En la vida, a veces nos dirigimos con nuestra ventana abrir cuando hace frio afuera, y luego se quejan y se preguntan por qué no es caliente en el interior".

Una temperatura agradable en su habitación o en coche puede ser agradable, pero una cómoda temperatura en su vida nunca le motivará para hacer más. Su termostato interno es su identidad y sus expectativas de lo que cree que debería ser y hacer. Si hace frío, entonces usted necesita para cambiar su proximidad a hacer calor. Hay cuatro cosas que van a cambia su temperatura:

1. Poder de la asociación

2. Comportarse de manera diferente y romper sus patrones; choque de su sistema de

3. Dejar de hacer lo que ya no se necesita

4. Deja de ser atrapado en la misma historia.

Dejar voy a contar una historia acerca de un tiempo tuve miedo a las alturas. Probablemente fue hace cinco años, y realmente no le gustaba alturas. Me desperté un día y dije que ya era suficiente; Que necesitaba para superar esto. Fui en un viaje a Costa Rica que la primavera con unos amigos, y decidimos hacer tirolesa. Ahora, esto no es guarnición básica con capucha, esto es 2.000 pies en el aire sobre los acantilados que van a través de la selva nueve veces. Lo más gracioso iba a la montaña en este pequeño camión de mierda que yo pensaba que iba a morir en el camino. Se llega a la parte superior, y te dan un guante y dice que es el freno para parar. Bajamos la primera línea, ¡y el hombre, que era una locura y miedo! Entonces tuve que bajar ocho líneas más para hacerla volver a la base. Además, como usted zip a través de la selva, usted tiene monos tirar cosas de ti porque estamos en su casa.

Unos meses más tarde, yo estaba sentado en la casa de mis padres, y estábamos hablando sobre el día nacimiento- de mi hermano y lo que quería hacer. De la nada, él menciona que quiere bucear de un avión. Doce horas más tarde, a la mañana siguiente, nos estaban viendo un curso sobre el salto de un avión con este tipo viejo con una barba diciendo que podría morir haciendo esto. Lo siguiente que sabes, estamos a 10.000 pies de altura en este pequeño avión, y la puerta se abre. Nunca he estado en un avión con una puerta abierta antes. Miramos hacia abajo, y luego saltamos. Una vez que estés delta, que es impresionante hasta que se da cuenta de que está orando por el paracaídas a trabajar cuando vea casa y la piscina de su amigo desde arriba.

Luego, tres meses más tarde, el amigo de mi padre invita yo 432 Avenida del Parque en una hermosa mañana de septiembre a un edificio de 82 pisos de altura que es todavía en construcción. Nos llegar al lugar de construcción, y tenemos que tomar un ascensor de la construcción de la parte superior que es un poco más de una jaula de metal pasando por el exterior del edificio. Los chicos sabían que yo estaba asustado, por lo que actuaron como si estuvieran en pánico y dijo, "Por favor, ¿Sientes eso?"

Le dije: "Amigo, por favor, ¡no vuelvas a hacer eso!" Llegamos cerca de la parte superior, y estamos en el piso 76º, que todavía no tiene ventanas. Todo es abierto, y empezamos a subir las escaleras que son concretos, a continuación, la madera, entonces vemos una escalera. El trabajador empieza a subir, y Le dije: "¿A dónde vamos?"

Él dijo: "Para la parte superior!" Yo estaba como, por favor, ¡Dios esté aquí conmigo! Subimos dos escaleras y llegar a la cima, y yo vemos el cielo azul por encima de mí. Nos levantamos a la 80ª planta y el suelo es todo de madera sin hormigón. Pero el hombre, la vista era tan increíble. Al ver Nueva York desde esa altura era increíble. Era tan temible, pero vale la pena. En estas tres historias:

1. Estaba rodeado de gente que me

ha empujado a través del poder de la asociación.

2. No pensaba, sólo comprometido y lo hice. Yo rompió mi patrón.

3. Detenido simplemente sentarse alrededor y pensar y en su lugar tomó medidas.

4. Ya no tenía miedo a las alturas más porque era una vieja historia que me había movido más allá.

Nosotros a menudo tienen miedo de que nos detiene y parece imposible superar, pero en realidad, es sólo una pared delgada como el papel. En el otro lado de este muro son experiencias increíbles, pero muchos de ellos nunca se enteran porque nunca se empujan a través de ver qué hay más allá.

"Tu actitud es como una ciudad; siempre está en construcción para mejorar ".

Actualización de nuestro software

El crecimiento personal está haciendo actividades que mejoran nuestra conciencia e identidad, lo que nos permite desarrollar los talentos y capacidades que mejora nuestra calidad de vida. Es un viaje sin fin que nos permite ser el mejor en nuestro papel en el futuro, ya sea como un tutor, padre, maestro, director, o simplemente una gran persona para la sociedad. Se le ayuda con su identidad de la vida que a veces se confunden a menudo alrededor. Sé que he sido. Tratamos de operar en un software que es viejo y no funciona tan bien. ¿Alguna vez ha tratado de utilizar un ordenador viejo y no se puede creer lo lento y anticuado que es? Si no se toman el tiempo y dinero para invertir en la mejora de su mente y el alma, que operará en un sistema que no está actualizado o tal vez expirado.

"Actualizamos nuestros teléfonos, pero nunca actualizamos nuestra mente o la vida."

En cajas de Vida

Había una historia sobre un hombre que vivía en una caja con su familia y amigos. ¡Miedo de dejar a su familia, se quedó en esa caja durante años! No había puertas o ventanas, pero un día vio una luz que viene a través. Era una pequeña abertura que apenas podía pasar. Por lo tanto, cuando su familia estaba durmiendo, salió a ir a explorar. Él terminó encontrando un barco y comenzó a vela. Un par de meses más tarde, él golpeó la tierra, que era la tierra de América, una nueva caja que era más grande y sin tocar. Su nombre era Christopher Columbus, y tras entrar por la pequeña caja que nació en y buscó esa caja grande donde otros podrían venir a vivir. No tendrá éxito en el mismo código postal que creció en, y esta historia es un gran ejemplo de ello.

Es como una vez que se volar en primera clase, regular de volar nunca es el mismo. Nunca se olvidará de lo que puede experimentar. Una vez que llegue ese sabor de algo más grande y mejor, se queda contigo. Usted puede olvidar el nombre de alguien, pero que nunca olvidará lo que se ve. Aprender a cambiar las cajas en su vida y actualizarlos para que pueda ver diferentes partes del mundo que nunca han visto antes.

Recientemente, yo estaba en Vermont esquí de nuevo (como se puede ver, Me encanta la vida en la montaña) y nos quedamos en esta hermosa casa rodeada de bosques y la naturaleza con vistas a la montaña. Nos fuimos arriba tratando de buscar la tercera habitación que tenían anunciado, pero no pudimos encontrarlo. Dijeron algo sobre una puerta secreta estantería. Tratamos de moverlo y luego vimos la corredera puerta a la derecha, dejando al descubierto un pasadizo secreto. Dos pasos subieron al recamara principal. Nuestros talentos son a menudo ocultos detrás de puertas secretas. Recuerde, las puertas que no se abren en la vida, porque tienen miedo otros dicen No deberías-son puertas que permanecen cerradas.

Ciudad de sueños

Dicen que un horizonte todo comenzó con sueños,

Personas dispuestas a trabajar y hacerlo sólido
con cada viga,

A veces piensas en la vida como un horizonte,
construido pieza por pieza con signos especiales,
cada edificio fue una vez un pensamiento,

Que alguien creó y fue atrapado, en su mente
para que otros puedan ver,

Su visión se convierte en realidad, lo cual es
clave. Demasiados sueños mueren bajo tierra,
porque la gente tiene miedo de emitir un sonido.
En este juego llamamos vida a la que ves.

Son aquellos que tienen el coraje de ser, algo que
otros no están dispuestos a hacer, decidiste ser
diferente y

Nadie puede haber creído o nunca lo supo,
Mantente estable a lo largo de este viaje que estás
viviendo,

Solo asegúrate de permanecer fiel y dar, cada día
ese horizonte cambiará un poco,

Solo asegúrate de quedarte en el medio,

De tus creencias y valores sin derribar a otros,

Porque un gran edificio en la vida siempre tiene
otros para compartir y estar cerca.

-Steven Mazzurco, abril de 2019 NYC

"Nunca puedes cruzar el océano a
  menos que tengas el coraje de perder
  de vista la costa".

Perspectiva y Gratitud

Un día tuesta conduciendo, y una roca golpea el parabrisas con, y comienza a agrietarse. Se obtiene molesto por eso. Poco después, usted está en África para pasar tiempo con una tribu que no tiene electricidad en la ciudad. Se empieza a hablar con el líder de lo que ocurrió en el parabrisas, y él te mira con confusión. Dice que mientras que usted está preocupado acerca de su parabrisas, que están preocupados por tener suficiente comida y agua para sus familias a mantenerse con vida. También tienen leones rondando por su casa, listos para atacar a sus hijos.

Nuestros problemas del primer mundo parecen tontos en comparación a los problemas reales del resto del mundo trata. Recuerdo un par de meses atrás se molestó por ciertas cosas en la vida, mientras yo estaba esquiando. Yo acababa de llegar abajo de la montaña, y mientras estaba en la línea después de una dura carrera por la montaña, vi a un señor que no tenía piernas que suben al ascensor. Mi actitud cambió muy rápidamente. Mientras que muchas personas se centran en los aspectos negativos de su vida, este hombre sin piernas se veía el lado positivo y se llevó la excusa de que no podía esquiar. Algunas veces estamos tan consumidos con nuestros problemas y no miramos a las muchas cosas que tenemos que estar agradecidos. Nos deprimimos y culpar a otras personas o circunstancias de por qué las cosas no están de nuestro lado, pero en realidad es toda una cuestión de perspectiva. Deja de ser la víctima y empezar a ser el vencedor de su actitud y de la vida. ¿Si usted tenía 31 días de vida, haría la situación que está molestando que realmente importa? Es sorprendente cómo el tiempo cambia toda nuestra limitada perspectiva de los problemas de la vida que realmente no son nada en comparación con la vida misma.

"El caer en un río no le ahogue, hace permanecer en el río."
-Paulo Coelho

Paz

Una de las razones nos encanta el agua o bosques es a causa de la paz que oímos y vemos. Nuestra vida a veces es tan rápida que ni siquiera nos tomamos el tiempo de mirar a nuestro alrededor. La tierra tiene un viaje anual alrededor del Sol, pero también lo hace su vida. ¿La tierra se mueven a su alrededor o Cómo se mueve alrededor de la Tierra? La persona iluminada viaja sin moverse, ya que, cuando salen, ven la vida y la naturaleza en movimiento, incluso cuando están quietos. Pero nunca se sabe que hasta que encuentre la paz verdadera. Podemos sentir ansiedad cuando estamos tratando de correr tan rápido que nos olvidamos de escuchar a nuestros propios cuerpos. Pruebe esto ahora: Tome diez respiraciones largas y profundas y escuchar lo que está a su alrededor durante dos minutos. Cierra los ojos, y se dará cuenta de que no se movían, pero la tierra se movía a su alrededor.

"Conviértete en el arquitecto de su propia paz."

¿Cuál es tu regalo?

En el momento en que la figura de su regalo de la vida, todo tu mundo va a cambiar. Sus talentos son los que vienen naturalmente a usted. Cuando encuentre su verdadero don, que no tendrá problemas de despertar en la vida. Dios le dará espacio para crecer porque está utilizando lo que siempre tenías dentro de ti. A veces, no conseguimos nuestro termostato interno lo suficientemente caliente para que podamos avanzar de la manera que podamos. Muchos de los que lean esto que los regalos que usted ha tenido miedo de intentar usar Porque tienes miedo de ser juzgado. ¡Para! Con el tiempo, se juzgue a sí mismo por no tratar de hacer que suceda. Nuestro regalo para nosotros mismos puede convertirse en un don para los demás para hacer un impacto. A veces dejamos que otros dicten lo que somos. Quiero que piensa de este dicho por Charles Sooney que es simple pero poderosa:

"Yo soy el que creo que usted piensa que soy."

La autoría es cómo nos presentamos ante el mundo. Es posible construir cómo te perciben los demás sobre la base de sólo una imagen en línea. auténtico ser cierto a menudo se pierde. Llegamos a ser y se forman a partir de las interacciones de otras personas. Estamos modelo de lo que pensamos que piensan de nosotros, y eso es lo que nos convertimos. El yo no es una cosa sólida cuando los demás son los que hacen que sólido. Es por eso que decir que en el mundo de hoy tenemos una imagen en línea y una imagen sin conexión. Nos olvide de construir nuestra imagen fuera de línea y en ocasiones puede tener otros que construyen nuestra imagen de nosotros en base a lo que la sociedad siente que somos o deberíamos ser. Este es un lugar peligroso para estar en, y usted debe crear su propia identidad y también buscar a sus verdaderos dones para que quien te conviertes es auténtico y real.

"Aprende a actualizar tu script para que puedas elegir qué personaje principal realmente quieres ser. No se puede tener una nueva historia con una identidad antigua ".

En la película Ha nacido una estrella, Lady Gaga y Bradley Cooper juegan grandes papeles en un poderoso, de corazón sentía película. Una de las cosas que me llevaron, que más tarde me enteré de lo que era en realidad Bradley Cooper dijo a Lady Gaga, que era: "Yo no quiero que el uso de maquillaje. Deja de tratar de cubrir lo que está bajo; ser el verdadero yo." Eso era poderoso y verdadero. Cubrimos hasta nuestras identidades, pero esas cosas que nos hacen diferentes nos hace únicos y especiales. A menudo nos cubrimos hasta lo que somos, y nunca llega a ver realmente los verdaderos dones que Dios nos dio.

Para ver un cantante actor de turno o un actor de la cantante a su vez es sorprendente, ya que muestra que todos tienen dones ocultos que deben ser desenmascarado a verlos. No trate de ser perfecto; solo se tú. Nadie se refiere a la perfección. Es por eso que Oprah o los Beatles eran tan populares porque eran reales y se presentaron como lo que realmente eran. Tenemos que preguntarnos: ¿Si perdiera esta belleza mañana o estos músculos o este estilo de vida, lo que quedaría de mí? A veces, las cosas pequeñas en la vida que creemos que son lo que nos hace ser lo que somos, no somos nuestros regalos en absoluto.

"Necesitas identificar y comprender tu regalo para el mundo. Una vez que descubres eso, comienzas a curar el mundo con la medicina vital (regalo) que le das a la gente. Tu regalo del universo es la vida, y lo que haces con esta vida es tu regalo de regreso al mundo".

El viaje

El crecimiento personal es un viaje de descubrimiento de la máquina, que es, y ver cómo funciona y opera. Te encuentras con una gran cantidad de personas que se encuentran en sobrevivir a la mentalidad, y al final del día, no se puede vivir una nueva vida con la misma información antigua. El crecimiento personal es un crecimiento que es para usted personalmente, sino que afecta a todo el mundo. Es la construcción de su casa correctamente para que las personas se sentirán atraídas o inspirados por lo que eres o estás convirtiendo. La primera persona que necesita ser inspirado es usted. La autoestima es todo. Permitimos que las opiniones de la sociedad para derrotar nuestra autoestima, y eso es lamentable.

La gente le puede obligar a convertirse en algo que está no. La mayoría de las personas tienen buenas intenciones, pero a veces pueden poner límites a nosotros y hacernos perder el rastro de nuestra identidad. Dios le dio dones y te hace perfecta como eres. ¿Podemos mejorar en esos dones? Por supuesto. Cuando usted compra una casa, que no suelen salir de la casa de la manera que es. Pintas y agregar alfombras, muebles, y hacer jardinería. Pero si se agrega demasiadas cosas, ir a la quiebra o el hogar se convierte en demasiado desordenada. Estoy seguro de que muchos de los que vaya a la casa de sus padres donde creció y se ven las cosas allí desde los años 70 y sus padres no se tire nada. Es como videos que fueron grabados en VHS, pero no siempre va a ser vistos de nuevo. Al crecer, mi padre tenía una de esas grandes cámaras de vídeo que graban cada turno al bate de la mina, mientras que en el béisbol. Estoy convencido de que desarrolló grandes bíceps ya que la cámara era tan grande y pesado.

llegamos a ser confundido acerca de lo que somos. Creciente personal y el descubrimiento de uno mismo es llave. Como siempre digo, la vida es un examen a libro abierto, pero primero tiene que abrir el libro. Audios, lectura, viajes, y mentores son una gran parte de su crecimiento personal. Es pequeñas piezas a la vez que con el tiempo se construye una casa que se desarrolla recuerdos y un gran ambiente que nos gusta.

El verdadero crecimiento consiste en capacitar a sí mismo para sentirse lo suficientemente digna para salir en el mundo a patear el trasero. Mi primer año en la universidad es donde mi vida realmente cambió porque era allí donde llegué en el negocio y comenzó a ponerse tutelado, sino también mi carrera en el béisbol comenzó a moverse hacia adelante. En mi segundo año en Stony Brook, que bateó para .240 y estaba a punto de ser liberado de la universidad. Yo era un pasivo no es un activo para el equipo. Tengo la suerte de conseguir una oportunidad más que septiembre de caída de béisbol para demostrar a mis entrenadores y equipo que me merecía estar allí.

Ese verano, he leído más libros que nunca y trabajé más duro en mi oficio y habilidad. Mi crecimiento personal y la actitud mental cambiaron. He leído un libro titulado La fuerza mental que cambió mi forma de pensar sobre el juego de béisbol. Leí un libro llamado Dureza mental que cambió mi mentalidad sobre el juego de béisbol. Me enseñó la mentalidad de los grandes del béisbol sobre cómo estudiaban y jugaban el juego para operar a un alto nivel. Pasé de ser liberado del equipo a 11 meses más tarde bateando .369 y ganando un campeonato y MVP para dirigirme a las universidades regionales. La vida puede cambiar rápidamente dependiendo de su mentalidad. La vida puede cambiar rápidamente en función de su forma de pensar. Se puede conducir un coche durante un tiempo, pero si usted no tiene un GPS, puede que nunca llegue a su destino.

A medida que crecen, usted experimentará el fracaso en el camino. Creo que hay que mirar en el fracaso como un descubrimiento exitoso de algo que no funciona. Esos tiempos se permitirá descubrir más cosas sobre ti y los que te rodean y hacer su viaje disfrutando al poder. Lo que más tememos es lo que más necesitamos hacer.

Conocer a los demás es inteligencia.
Conocerse a sí mismo es la verdadera
sabiduría. Dominar otros es fuerza.
El dominio de sí mismo es verdadero poder.

Lao Tzu

Agradecido y Perspectiva

Voy a terminar esta sección con dos historias. Como yo era de ping de recapitulación este capítulo, mi vista era de mi equipo, una taza de té, una mesa blanca brillante, y una ventana mirando exceso pequeñas colinas de la montaña en mi patio trasero con una ligera capa de nieve. Vi gansos que se deslizan a través del cielo por encima de mí. Creo que todos los días Dios nos da señales para darnos cuenta de lo especial que es la vida. Basta pensar en lo que se necesita para los pájaros vuelan juntos a ese alto y hacer una formación de V para trabajar y ser más fuertes juntos. Noté que se turnan para quién está en la parte delantera para reducir el viento que les golpea y hace que sea más fácil para los de la parte posterior de volar. Aprender de la vida y la naturaleza, ya que le dará señales de cómo a vivir, estar agradecidos, y trabajar juntos. No compiten entre sí, pero se completan mutuamente, al igual que los gansos hacen como un equipo a lo largo de su viaje.

Creo que tenemos que apreciar la longitud, sino también la profundidad de la vida. A veces nos fijamos en la longitud de todos esos años, pero nos olvidamos de mirar a la profundidad de esos momentos especiales que tenemos con aquellos que amamos. Estar más presente y sólo respira.

Cada vez Miro a la naturaleza, estoy sorprendido por la forma en que opera. Lo que me gusta de los niños es que son curiosos y buscan diversión, pero a medida que envejecemos, perdemos eso. Seguir viviendo esa curiosa y divertida la vida, y te prometo que nunca envejecerá. Lo he visto con mis propios padres que son jóvenes de corazón con una energía increíble.

La última historia es acerca de mi madre que recientemente me envió un mensaje de este. Me llegó al corazón porque ella es realmente una persona hermosa por dentro y por fuera. Ella es fuerte de mente con una gran mentalidad de crecimiento personal, y siempre ha estado ahí para nosotros. Esto es lo que me ha enviado y yo quería compartirlo con todos ustedes para envolver este capítulo arriba.

Disfrutar.

De mi madre en un mensaje de texto:

Esta es mi historia:

> Vida no es perfecto, ¡y no importa la edad que tengas, siempre habrá reveses a cara! ¡Cuando esto sucede, sólo usted puede hacer frente a estos contratiempos y volver a la pista con usted mismo!
>
> He sufrido una caída hace un par de años y se dislocó el hombro! Hombro que se restableció y se fue para la terapia física y empezó a sentir un poco mejor. Sin embargo, en el último año han estado experimentando dolor severo al levantar el brazo así que volvimos a ver a mi médico ortopédico! ¡Había hecho una resonancia magnética y me dijeron que mi manguito rotador está severamente dañado a causa de la caída y la artritis severa establecido en y tienen varios tendones desgarrados que nunca se puede dar marcha atrás en el músculo!
>
> ¡En ese momento destellos de mi vida a los 69 años se fue a través de mí como una discapacidad en mis años dorados! ¡Los recuerdos de mi padre brillaron por porque él también tenía una luxación de hombro se deslice en una cáscara de plátano y nunca se recuperó y su calidad de vida disminuido porque era incapaz de usar su brazo!

En ese momento el pensamiento de mi padre debilitado mi mente y empecé a desgarrar y sentir lástima por mí mismo y decir: "¿Por qué yo?"

Mi médico me dio 2 opciones:

Obtener una inyección de esteroides como sea necesario y hacer la terapia física o cirugía de reemplazo de programación para un manguito de los rotadores.

La cirugía estaba fuera de la cuestión para mí, así que elegí ser positivo y hacer terapia física y obtener una inyección de esteroides, según sea necesario.

Elegiré continuar yendo al gimnasio y poner en forma mi cuerpo inferior y nadar. Con suerte, la fisioterapia estimulará cualquier músculo y tendón que me quede, ¡pero al menos estaré en control de mi salud y calidad de vida!

¡No dejaré que este revés vencerme!

¡Estamos en control de nuestro bienestar en todo momento! ¡Nadie puede hacerlo por usted!

¡La moraleja de mi historia es ayudar a otros que puedan sentirse derrotado y para cambiar su mente en marcha y hacer algo al respecto en lugar de sentí siento e indefenso!

¡La vida es preciosa! ¡Apreciar todo y todos a tu alrededor todos los días!

Amar a mamá

Examen

Valorar esta roca por sí mismo en una escala del 1-10.

____

____

¿Cuál fue su parte superior para llevar de este capítulo?

____

____

¿Qué deficiencias tiene usted en esta roca?

____

____

¿Cuál es su plan de juego y la acción para corregir estas deficiencias?

____

____

Prueba general

Rocas cuales necesitan la mayoría de los trabajos sen tu vida. Tarifa el los con el fin de 1 a 7

____

____

Total, de sus clasificaciones de roca desde el extremo de cada capítulo. ¿Cuál es su puntuación total? Una puntuación perfecta es 70.

____

____

CONCLUSIÓN

Termino este libro con esta imagen y algo que escribí a fines del verano solo dos meses después de mi prueba de la vida. Recibí un regalo de alguien que me dio un reloj de arena con arena. Era una pieza preciosa, y la arena era mi color favorito: el azul. Después de mirarlo durante meses, me habló un día y escribí un poema llamado "Tiempo".

Hora

¿Qué si su vida era como este tiempo de

vidrio?

La parte superior de arena representaba su

vida

La izquierda y la parte inferior fue el

tiempo que pasó.

Todo lo bueno o malo.

Las grandes experiencias, viajes, relaciones,

tiempos difíciles, los sueños alcanzados, las

personas que han ayudado.

La parte superior simboliza el momento

en que se deja en su vida que le dice

El momento exacto en su día que está por

venir.

Si usted supiera que día y físicamente

vio que el tiempo dejó todos los días

cuando se despertó ¿cómo decide vivirla?

¿Le quedar atascado con sus problemas

actualmente?

¿Te gustaría cambiar su rutina del día a día?

¿Le gusta más y más perdonar?

¿Sería amargura no importa realmente?

Imagínese que usted tiene una cierta

cantidad de arena izquierda que le dijo a

su tiempo

Aquí, en esta vida ... ¿Qué harías

diferente?

¿Qué cosas cambiarías?

¿Cómo haría usted acerca de sus días?

¿Cómo trataría a las personas?

¡La vida es tan preciosa!

Pero al final del día,
Creemos que tenemos tiempo ilimitado
/ arena izquierda para dejar que las cosas
nos molestan y no disfrutan de este
momento.

Nos fijamos en las historias de 9/11,
Aquellas personas que no sabían lo que
sucedería ese día en el trabajo.

El día que despierte y un ser querido ha
salido de la nada.
Una madre que está a punto de dar a luz,
pero tiene un aborto involuntario
O que ocurra un accidente que estaba
fuera de su control.
Ver a Dios le dio a cada uno de nosotros
una cierta cantidad de tiempo aquí.
Reto es que no sabemos lo que el tiempo es a
veces realmente no lo valoran.
Recuerda para elegir las cosas que le
molestan, las cosas que haces, la gente que
amas. Dentro de este tiempo que tenemos
aquí, asegúrese de que sea gastado
sabiamente.
La vida es preciosa.
Cada día es una bendición para hacer

de este mundo un lugar mejor.

No me arrepiento de las cosas. Aprende de ellos.

Toma riesgos…. que por supuesto no son demasiado peligrosos.

Ama a todos incluyendo a sus enemigos.

Cuídate del mismo modo que se vea bien en el cielo. Ser fácil de perdonar a los que tal vez te haga daño. Lo que se rompió en la casa …

No es un gran problema, relajarse.

El tipo que se cortan fuera decir gracias su vez en la vida también se está acabando demasiado

todo lo que somos, donde se supone que debemos estar basada en nuestras acciones

Y reacciones.

Por lo tanto, asegúrese de que se da cuenta y reaccionar de una manera positiva todos los días y saber que

El tiempo se está perdiendo todos los días. Por lo tanto,

abrazar los momentos con su

familia

Las vacaciones de

la comida

Las vacaciones

Las conversaciones que tiene con la gente.

Vida es tan preciosa, pero es lo que se ve en las

personas no sólo para la gente que importa.

La gente recuerda lo que representaba y vivió.

Si no puede controlar su tiempo de dejar
de intentar controlar otros.

Sí, se puede controlar su salud y acciones,
pero hay cosas

Que no se puede controlar.

Cuando tú no tratar de controlar sólo
recuerda que perder el tiempo

En algo que no va a cambiar.

¡Así que hoy mirar la vida como

un regalo!

La confianza en el plan de Dios.

Aprende a no dejar que el dinero te
controle de manera que se puede elegir

Lo que se quiere hacer con su tiempo.

Usted verá lo más gratificante que puede hacer es
la creación de bonos o devolver

Con la gente que amas en lugares que nunca
olvidará.

El tiempo es como el agua en el desierto.
Puede ser allí por un tiempo, pero
finalmente

Se secará.

Por lo tanto, aprovechar el tiempo que tiene en la actualidad.

-Steven Mazzurco

Con todo Yo estaba pasando, me di cuenta de la verdadera moneda de la vida es el tiempo. Hace siete meses, toqué fondo en mi vida. Siete meses más tarde, escribí un libro y empecé a un podcast, la marca de ropa, vlog / blog, nueva página web, y la caridad. Todavía estoy haciendo coaching de negocios a pesar de todo, lo que realmente me gusta. Lo único que falta es tal vez un álbum porque hago el amor canto. ¡Hay, nunca se sabe! ¡Su vida puede cambiar rápidamente, pero es una elección y conseguir que estas siete áreas justo en la vida me mantienen en el camino!

Desde el fondo de mi corazón, que significa tanto para mí que se tomaron el tiempo de leer este libro, especialmente si tienes todo el camino hasta el final. En este momento no había Cliff Notes. Gracias por ser parte de este viaje de siete rocas es la vida usted. La razón por la cual se capitaliza el VCF, se debe a que significa tres cosas:

Victorioso en la vida
Colaborador de la sociedad.
Diversión a lo largo del viaje

Quiero que salgas victorioso en todas las áreas de tu vida. Te lo mereces y tienes lo que se necesita. Siempre recuerda que es una elección. Cuando salgas victorioso, es tu deber retribuir a los demás y al universo. El universo nos da todos los días, como agua, oxígeno, tierra, etc. Para que estemos alineados con el universo, también debemos estar dando y contribuyendo. Y, por supuesto, divertirse a lo largo del recorrido. Como he dicho antes, los niños buscan dos cosas en la vida: la aventura y la diversión. Es por eso que les gusta tanto. A medida que envejecemos, nos detenemos en busca de esas cosas. Así que ser aventurero y divertirse todos los días; eso es lo que las siete rocas es la vida se trata. El podcast que tenemos para nuestra marca se llama Siete Vida de la roca en iTunes y Spotify, y se trata de *vivir las siete rocas de la vida e Historias que inspiran con la gente podrá admirar.* Un día, me encantaría que en el programa para compartir su historia al mundo de lo que sucedió cuando se puso en práctica las siete rocas de la vida a lo largo de su viaje.

Oro para estas áreas de la vida le anime a trabajar en ellos y compartir con otros para crear felicidad, paz y alegría en sus vidas. Cada día es un día para añadir a su hoja de vida al decidir cambiar el futuro para el bien o para poner las cosas nuevas en su hoja de vida para disfrutar. El poder de la vida está en sus manos con la base adecuada y el equilibrio en las siete áreas de la vida.

Si visita www.StevenMazzurco.com y www.SevenRockLife.com, podrás ver los vídeos Proyecto de Impacto y maneras para apoyar nuestra misión. Suscribirse a nuestro boletín de noticias bajo www.StevenMazzurco.com / caridad para recibir las últimas actualizaciones con siete Roca vida y su viaje alrededor del mundo. Como comunidad, podemos cambiar la vida juntos, y esa es nuestra misión.

- Gracias por preocuparte.

- Gracias por ser como eres.

- Gracias por asistir un ganador y un luchador.

¡Usted es impresionante y sólo merecen lo mejor! ¡Seguir viviendo que siete rocas es la vida! ¡Dios los bendiga a todos!

-Steven Mazzurco

PS: Siempre seré su amigo.

"Dios regalo para nosotros es la vida. Nuestra vuelta regalo a Dios es lo que hacemos con esa vida ".
